LA CHANSON

DE

ROLAND

Traduite du vieux français

PAR

ADOLPHE D'AVRIL

Troisième édition.

PARIS

LIBRAIRIE DE LA SOCIÉTÉ BIBLIOGRAPHIQUE
Rue de Grenelle, 35.

1877.

LA

CHANSON DE ROLAND

Paris. — Imp. Jules Le Clere et Cie, rue Cassette, 29.

LA CHANSON

DE

ROLAND

Traduite du vieux français

PAR

ADOLPHE D'AVRIL

Troisième édition.

PARIS

LIBRAIRIE DE LA SOCIÉTÉ BIBLIOGRAPHIQUE
Rue de Grenelle, 35.

—

1877

INTRODUCTION

I

LE CYCLE ET SES DIVISIONS

LA *Chanson de Roland* n'est pas une œuvre isolée : elle fait partie d'un cycle complet et fort étendu, dont nous allons essayer de donner une idée.

C'est à la poésie française elle-même qu'il faut demander des indications sur l'ensemble de notre cycle chevaleresque. Écoutons d'abord Jean Bodel, le trouvère de la *Chanson des Saxons* :

Ne sont que trois matières *à nul home antandant :*
De France, de Bretaigne et de Rome la grant.
Et de ces trois matières n'i a nule semblant :
Li conte de Bretaigne *sont si vain et plaisant ;*
Cil de Rome *sont sage et de san aprenant ;*
Cil de France *de voir chascun jor apparant.*

La matière que Jean Bodel appelle de *Rome* comprend toute l'antiquité sacrée et profane. La matière de *Bretagne* ou de la *Table Ronde* comprend les chansons relatives soit à la cour du roi

T. I.   I

Arthur, soit à la recherche d'un vase mystique, le Graal, qui aurait servi à la Cène de Notre-Seigneur.

Il est difficile de savoir le nombre de poëmes qui ont été composés sur la matière de France. On en connaît environ quatre-vingts, écrits en vers de dix ou douze pieds, ordinairement divisés en strophes inégales, d'une même assonance ou monorimes. L'étendue de ces poëmes, ou, pour les appeler par leur nom, de ces *chansons de geste*, varie extrêmement. Les plus anciennes, aussi les meilleures, sont courtes, en vers de dix pieds et divisées en strophes assonantes.

La matière de France a aussi ses divisions qui, comme celle en trois matières, nous ont été données par nos anciens poëtes et qui méritent d'être conservées. Assurément, elles ont quelque chose d'artificiel, mais il serait peut-être difficile d'en trouver de meilleures.

Voici ce que dit le trouvère inconnu de *Doon de Mayence* :

Bien sceivent li plusor, n'en sui pas en doutanche,
Qu'il n'éut que III gestes u réaume de Franche.
Si fu la premeraine de Pépin et de l'ange ;
L'autre après de Garin de Monglane la franche ;
Et la tierce si fu de Doon de Mayence.

Ainsi la *matière* de France se divise en *gestes*. C'est l'expression consacrée ici pour dire famille

ou descendance (1). Cette division, inspirée par
les idées du temps, est chère à nos anciens poëtes,
qui ont fait entrer leurs héros de gré ou de force
dans l'une des trois descendances, et qui ont même
inventé des héros intermédiaires pour combler
les lacunes ou pour donner des ancêtres à qui n'en
avait pas encore. Mentionnons certaines œuvres,
comme le cycle des Lorrains, qui font bien partie
de la *matière* de France, mais qui n'ont pas leur
place dans l'une des trois *gestes* ou qui n'y entrent
que difficilement.

La *Chanson de Roland* occupe donc dans le cycle
de nos épopées du moyen âge la place suivante :
elle appartient à la *matière* de France et dans cette
matière à la *geste* de Pepin, appelée aussi *du roi*.

II

LA GESTE DU ROI

DE même que la *matière* de France, comme
nous l'avons vu plus haut, est supérieure aux
deux autres, la *geste* du roi est la première des
trois :

(1) *Geste* signifie aussi histoire. Voir la *Chanson de Roland*,
édition Müller, vers 788 et 1685.

La tierche geste après, celle qui miex valait
Chele fu de Pépin (1)...

> *A saint Denise, en la maistre abaie,*
> *Dedans I livre de grant ancesserie,*
> *Truêve on escrit, de ce ne dout je mie,*
> *N'ot que III gestes en France la garnie.*
> Dou Roi de France est la plus seignorie
> *Et de richesse et de chevallerie* (2).

La geste du roi doit sa supériorité à Charlemagne, et surtout à son neveu Roland. Aussi les trouvères se sont-ils appliqués, comme pour Guillaume au Court Nez et pour Doon de Mayence, à chanter leurs ancêtres et même à leur en imaginer, soit en créant de nouvelles fictions, soit en y rattachant des fables déjà connues :

> *Cou est du roi Floire l'enfant*
> *Et de Blancheflor la vaillant*
> *De qui Berte as grans piés fu née.*
> *Puis fu en France couronnée.*
> *Berte fu mère Charlemaine* (3).

Mais avant de donner le jour à Charlemagne, Berte avait eu de Pépin la mère de Roland :

(1) *Doon de Mayence*, page 242.
(2) *Girard de Viane*.
(3) *Floire et Blancheflor*, édition de M. Duméril.

Li premiers des enfants, de ce ne doutez mie,
Que Pépins ot de Berte, la blonde, l'eschevie,
Orent-ils une fille sage et bien enseignie :
Femme Milon d'Ayglent, moult ot grant seignorie,
Et fu mère Rollant, qui fut sans couardie,
Ainz fu preus et hardis, plains de chevalerie.
Après ot Charlemaine à la chière hardie (1).

Ainsi la plupart des œuvres de la geste se groupent autour d'un même personnage à peine historique. La *Chanson de Roland* n'y a pas simplement sa place comme les autres. Roland est la cause de ses propres ascendants. Mais ce n'est pas seulement la geste du roi que domine la préoccupation du désastre de Roncevaux. Cet événement est annoncé, même avec des détails précis, dans un poëme appartenant à la geste de Garin, dans *Girard de Viane*, qui semble n'être que le prélude de la *Chanson de Roland* (2). C'est en revenant de Roncevaux que Charlemagne donne Narbonne à conquérir à ses chevaliers, et c'est le sujet de la chanson d'*Aymeri de Narbonne* (3). Le même Aymeri

(1) *Berte aux grans piés*, édition de P. Pâris, page 188.
(2) Vers 3010 et 4050 de l'édition de Bekker. — Introduction de M. Tarbé, page xxv.
(3) Jonckbloet, *Guillaume d'Orange*, tome II, page 13. — La *Chanson de Roland*, édition Müller, vers 3684.

Le destrier heurte des esperons d'argent
Que il conquist soẓ Sarragouce el champ
    Quand Karlemaine alla venger Rollant (1).

Dans la *Chanson des Saxons*, il est dit que c'est la nouvelle de la défaite de Roncevaux qui a fait prendre les armes aux Saxons. Le même souvenir se retrouve dans *Gaydon*, dans *Huon de Bordeaux* et dans presque toutes les chansons de geste (2). C'est un crime à leurs yeux d'oublier le désastre de 778, *le grand deuil* :

Ha! barnage de France, comme aveẓ oublié
Le grant duel de Rollant guerpi et trespassé (3).

L'aventure même de la *Chanson de Roland* est reproduite avec les mêmes détails dans le poëme intitulé : *li Covenans Vivien* (4).

Le retentissement de l'aventure de Roncevaux a été immense en dehors de la France. L'Espagne, l'Italie, la Scandinavie, l'Allemagne ont consacré dans les monuments et dans les traditions la mémoire de Roland, qui se trouve jusqu'en Turquie

(1) *Guillaume d'Orange*, tome 1ᵉʳ, page 16.
(2) La *Chanson des Saxons*, page 12. — *Huon de Bordeaux*, page 171.
(3) *Aye d'Avignon*, édition de Guessard et Meyer, page 11.
(4) Parmi les passages où cette ressemblance de détail est le plus frappante, j'indiquerai les vers suivants de l'édition de Jonckbloet : 288, 292, 598, 673, 755, 1418, 1426, 1472, 1481, 1490, 1495, 1558, 1787.

et en Colchide. Gane est cité comme criminel à la suite de Judas et de Pilate pendant le moyen âge (1). Mentionnons aussi que le grand poëte du moyen âge n'a pas omis de nommer Roland et Gane (2). En entrant dans le cercle des traîtres, Dante entend un cor retentissant :

> *Dopo la dolorosa rotta, quando*
> *Carlo Magno perde la santa gesta,*
> *Non sonò si terribilmente Orlando.*

et il rencontre Gane parmi les traîtres :

> *Gianni del Soldanier credo che sia*
> *Piu la con Gannellone e Tribaldello,*
> *Ch'apri Faenza quando si dormia.*

III

ÉCLAIRCISSEMENTS HISTORIQUES

APRÈS avoir indiqué quelle a été dans son ensemble notre œuvre épique du moyen âge, il est utile de préciser les rapports de nos poëmes

(1) Voir l'édition de Génin, page XXI.
(2) Chants XXXI et XXXII de l'Enfer et le chant XVIII du Paradis.

chevaleresques avec l'histoire, de faire ressortir en quoi ils se sont conformés à la vérité des faits, et sous quelles influences ils ont pu s'en écarter.

Le christianisme chez les franks. — L'Église adopta les Franks dès leur arrivée en Gaule, même avant leur conversion, et elle contribua puissamment à établir leur prépondérance sur les autres barbares. « Ce sont les évêques, dit Gibbon, qui ont fait le royaume de France. » Clovis commence la restauration de l'empire d'Occident en recevant la confirmation de l'Église en même temps que l'investiture impériale. « *Et sis corona nostra*, lui écrit le pape Anastase, *gaudeatque mater Ecclesia de tanti regis, quem nuper Deo peperit, profectu. Lætifica ergo, gloriose et illustris fili, matrem tuam et esto illi in columnam ferream.* » L'invitation ne fut pas vaine. Aussitôt après leur conversion, les Franks s'enrôlent au service du christianisme. Le nom de la sainte Trinité figure dans le préambule de leurs capitulaires. Bientôt l'image de saint Pierre est peinte sur leur oriflamme (1). Les ambassadeurs franks demandent à Constantinople la délivrance du pape Vigile; des miracles favorisent la marche de leurs armées, parce que leurs guerres sont religieuses, d'abord contre les Bourguignons ariens, ensuite, et à plus forte raison, contre les Lombards, oppresseurs de

(1) *Histoire littéraire de la France*, tome XXII, page 774. — la *Chanson de Roland*, édition Müller, vers 3094.

l'Église, contre les Saxons, les Avares, les Slaves idolâtres et contre les Sarrasins infidèles. Les Franks deviennent au nord, à l'est et au sud les grands arrêteurs des invasions dans le monde chrétien. L'exploit le plus éclatant de cette résistance est la victoire de Charles Martel, qui sauva l'Europe occidentale de la conquête des musulmans.

Arrêter les barbares et les convertir, telle est donc la mission que les Franks ont accomplie depuis Clovis jusqu'à Charlemagne, et cette mission émanait de la papauté, autant que celle de saint Colomban ou de saint Boniface. D'un autre côté, c'est la France qui a affranchi définitivement l'Église du régime romain, et qui, en établissant son pouvoir temporel, a assuré pour dix siècles l'indépendance du spirituel. Aussi lorsque le pape plaçait sur la tête du roi barbare la couronne d'Occident, le peuple poussa-t-il cette acclamation : *Christus vincit, Christus regnat, Christus imperat* (1).

Il n'est pas étonnant non plus qu'une poésie originaire de ces exploits à la fois guerriers et religieux, et revivifiée par les croisades, se rattache directement à la papauté. Sous ce rapport, nos chansons de geste sont la traduction en chants populaires de la célèbre mosaïque de Latran, dans laquelle

(1) Ozanam, *Études germaniques*, tome II, pages 60, 64, 133 et 145.

saint Pierre donne l'étole à Léon III et l'étendard à Charlemagne. Aussi dans la *Chanson de Roland*, l'empereur, avant de marcher contre l'émir Baligant,

Recleimet Deu et l'apostle de Rome.

De même, Guillaume au Court Nez

Deu reclama et le baron saint Père
Qui le deffende de la gent pautonière.

Renouart, dans le même poëme de la *Bataille d'Alescamps*, s'écrie :

En Deu me fi et el baron saint Pière.

C'était l'un des cris les plus ordinaires de nos chevaliers. Je rappellerai aussi que, dans l'énumération des conquêtes de Charlemagne, le trouvère de la *Chanson de Roland* rapporte qu'il a conquis au pape le tribut de l'Angleterre.

On a accusé Charlemagne d'avoir pesé sur le chef de l'Église, mais cette appréciation est inexacte. S'il a mérité d'être appelé « le sergent de Dieu » et, comme Constantin, mais à plus juste titre, « l'évêque du dehors ; » s'il a été le bouclier et l'épée de l'Église, il a respecté sa liberté au dedans et fait appliquer ses canons. « Les Capitulaires, dit dom Pitra, ont laissé intacte la suprématie de l'Église ; dictés et délibérés avec des évêques, ils n'ont, le plus souvent, réglé que ces questions mixtes où l'accord des deux puissances est indispensable (1). » Il faut ajouter que nos premiers rois, s'ils pesaient sur les élections ecclésiastiques, étaient peu disposés à dogmatiser. Ce sont les plus mauvais, notamment Chilpéric Iᵉʳ, qui l'ont essayé.

D'ailleurs nos poëmes ont été composés ou refaits plusieurs siècles après les événements qu'ils racontent. Ils reproduisent l'idéal, non du siècle de Charlemagne, mais de l'époque où Louis VII écrivait à Henri II : « Je suis roi tout aussi bien que le roi d'Angleterre, mais je ne ne pourrais pas déposer le plus petit clerc de mon royaume (2). » Le souffle de Nicolas Iᵉʳ et de Grégoire VII a passé sur le monde chrétien. Au point de vue des rapports du spirituel avec le temporel, les poëmes français se meuvent dans une atmosphère plus normale que le *Ramayana*, et surtout que le *Maha-Barata*, qui a les allures d'un plaidoyer clérical, ce qui est une mauvaise condition pour la beauté et l'harmonie d'un poëme (3).

Turpin ou du clergé. — Comment s'est introduit, dans la *Chanson de Roland* et ailleurs, cet

(1) *Des canons et des collections canoniques de l'Église grecque.* Paris, 1858.

(2) Cité par Hippeau, dans l'introduction à la *Vie de saint Thomas le Martyr.* Caen, 1859.

(3) Voir notamment, pour le *Maha-Barata*, le tome III, à la page 137.

étrange personnage de Turpin, archevêque de Reims, que le trouvère a rendu si touchant et si épique ? Pour le bien comprendre, il faut se rappeler qu'il y eut successivement, dans les premiers temps de la monarchie, deux types de prélats : d'abord l'évêque gallo-romain, et ensuite l'évêque frank.

Les évêques gallo-romains, comme en témoignent leur poésie et leur prose, donnaient dans tous les raffinements du bel esprit, et ils employaient trop souvent des formes adulatrices envers les maîtres de la terre. Assurément ces prélats ne manquaient pas de vertus ; ils ont eu le courage d'un saint Loup, d'un saint Aignan, celui d'un pasteur qui se dévoue pour sauver son troupeau ; leur héroïsme était celui du martyre. Mais il n'y eut pas, sous les premiers Mérovingiens, beaucoup d'exemples du genre d'énergie dont saint Nicétius fit preuve, lorsque, en présence du roi d'Austrasie, Théodebert, il interdit à ceux de ses leudes qui étaient excommuniés, l'entrée de la cathédrale de Trèves.

Les barbares étaient entrés de bonne heure et en assez grand nombre dans la vie monastique, et y avaient apporté leur fierté et leur indomptable énergie qu'ils y tournaient au bien. Charles Martel opéra une véritable révolution, lorsqu'il fit arriver aux évêchés des seigneurs de race franque. Il y eut en Germanie des apôtres qui étaient neveux de Pépin le Bref, qui avaient siégé dans les conseils de Charlemagne et commandé ses armées, comme saint Adalhard et saint Wala. Ce dernier dormait en plein air dans un sillon, avec une selle pour oreiller. L'idéal chevaleresque s'était substitué à celui des catacombes (1).

On se peut faire une idée de la différence de caractère entre un clerc gallo-romain et un clerc germanique, en comparant les deux missions entreprises pour la conversion des Avares, l'une par Emeramme, prêtre de Poitiers, l'autre par Rupert, évêque de Worms (2).

La papauté prit parti contre la nouvelle forme de l'épiscopat, qui, sauf l'hérédité, assimilait le monde ecclésiastique au monde féodal. Dès le règne de Charlemagne, et notamment aux conciles de 743, de 803 et de 813, il était fait défense aux évêques d'aller à la guerre ; mais ils continuèrent à se battre, parce qu'ils étaient d'une race guerroyante et parce qu'ils craignaient, s'ils ne le faisaient pas, que les biens de l'Église ne fussent envahis par les laïques. Sans nous ériger en apologistes de cet état de choses, il nous sera permis de faire remarquer que l'attitude belligérante et les

(1) Montalembert, les *Moines d'Occident*, tome II, page 272, 500 à 573. — Ozanam, *Études germaniques*, tome II, page 270-273.

(2) Amédée Thierry, *Histoire d'Attila et de ses successeurs*, tome II, page 133 et suivantes.

habitudes chevaleresques des prélats avaient, du moins, pour résultat de maintenir l'indépendance et la sécurité du pouvoir ecclésiastique. D'ailleurs, le caractère religieux ou défensif de la plupart des guerres explique, justifie peut-être les entraînements guerriers auxquels les évêques de sang frank n'étaient pas capables de résister.

Ainsi, quelques années même après le concile de Mayence, les prélats avaient recommencé à conduire leurs vassaux à la guerre. L'évêque d'Albi, en 844, détruisit, à la tête des populations de son diocèse, les troupes qui l'avaient envahi. Les abbés de Saint-Quentin et de Saint-Ricquier périssaient dans cette même guerre. Rien de plus remarquable que le rôle attribué par une tradition, qui est historique, à saint Émilien, évêque de Nantes, lequel vint détruire un corps de Sarrasins auprès de la ville d'Autun (1). Il est inutile de citer d'autres faits, puisque la coutume était générale et se perpétua si bien qu'à la bataille de Bouvines les exploits guerriers de l'évêque excitèrent plutôt l'admiration que la surprise. Les ordres chevaleresques avaient continué et entretenu cette tradition.

La poésie s'inspira donc de l'histoire pour représenter les prélats sous cette forme. Ainsi, dans la geste des Lorrains, l'abbé de Saint-Amand veut jeter le froc pour venger la mort de Bégon.

_____

(1) *Notice sur saint Émilien, évêque de Nantes,* par l'abbé Cahour. Nantes, 1859.

Turpin est le type le plus complet de ce genre de prélats, aussi bons prêtres que grands batailleurs :

Par granz batailles e par mult bels sermons,
Cuntre païens fut tuz tens campiuns.....
Des les Apostles ne fut unc tel prophète
Pur lei tenir et pur humes atraire.

Cependant, cent ans après Charlemagne, certains prélats qui avaient porté les armes en ressentaient déjà des remords et des scrupules. Francon, évêque de Liége, qui avait combattu de sa personne contre les Normands, ne crut pas qu'il lui fût permis de toucher les choses saintes avec des mains qui avaient répandu le sang des hommes. Il fit prier le pape, et il en obtint d'ordonner deux de ses clercs pour remplir à sa place les fonctions épiscopales (1). Peu à peu, le type exclusivement clérical, celui du martyr, le type de saint Thomas de Cantorbéry, a fini par prendre le dessus, même dans l'imagination des peuples où saint Bernard a détrôné Turpin. C'est pourquoi ce personnage de Turpin, cher à l'ancienne poésie française, nous paraît aujourd'hui si bizarrre ; c'est pourquoi il était nécessaire de se reporter à l'époque de Charles Martel, pour rappeler que ce type est la reproduction aussi fidèle qu'intéressante d'une réalité historique.

(1) Fleury, *Histoire ecclésiastique*, livre LIV, 39.

CHARLEMAGNE OU DE LA ROYAUTÉ. — De même qu'on a représenté quelquefois Charlemagne comme un oppresseur de l'Église, on a cherché aussi à lui ôter son caractère barbare pour en faire un empereur romain. C'est encore une erreur. Lorsque les Franks placèrent l'Austrasien Pépin sur le pavois, ce fut la royauté barbare qu'ils relevèrent. Malgré son titre impérial, malgré l'organisation officielle calquée sur celle de l'empire, Charlemagne reste avant tout un chef frank (1).

Ce qu'il importe de constater, c'est que le Charlemagne de la *Chanson de Roland* appartient aux mœurs barbares. Ce n'est ni un César romain, ni un khan tartare. C'est un pasteur du peuple, comme on appelle le roi dans le poëme de *Béowulf*.

D'abord, le pouvoir royal dans les idées de cette époque, émane encore de la nation. Ainsi, dans la chanson des *Enfants Guillaume*, Louis le Débonnaire dit en recommandant son fils à Guillaume au Court Nez :

> *Celui lairai mes chastels et mes marches*
> *Et ma corone, se li François li laissent.*

Telle était l'origine de l'autorité royale, mais cette autorité, depuis la conversion au christianisme, était rendue inviolable par le sacre. D'un autre

(1) Ozanam, tome II, page 341. — L. Gautier, pages 13 et 40.

côté, elle n'était pas absolue, et c'est là encore une condition favorable à l'épopée. « Charlemagne, disent les auteurs de l'*Histoire litteraire* (1), au milieu de ses ducs et de ses comtes, n'est que le président du conseil. Quand les chefs ont parlé, il doit suivre l'avis du plus grand nombre. » Le trouvère de Roland l'a exprimé dans ce vers, qui est comme une déclaration constitutionnelle :

Par cels de France voelt il del tut errer.

Charlemagne dit bien au comte Gane qu'il partira pour Saragosse parce que le roi le commande ; mais cet ordre est fondé sur le choix que les Français ont fait de Gane. Le prince a revêtu leur décision de la formule exécutoire.

C'est une tradition que les Franks avaient apportée en Gaule : « Sigmund scella une lettre missive par laquelle il invitait tous ceux de ses sujets qui savaient monter à cheval et porter le bouclier *et qui avaient envie de faire la guerre*, à se préparer pour une expédition d'une année et à venir le rejoindre dans le délai de six jours (2). »

Le Charlemagne de la *Chanson de Roland* représente exactement la royauté telle que l'ont faite

(1) Tome XXII, page 474. — L. Gautier, tome I, page 14.
(2) *Histoire légendaire des Francs et des Burgondes*, pages 110, 290.

le sang des barbares et la consécration de l'É-
glise, la royauté idéale, c'est-à-dire une autorité
sanctifiée et contenue (1). Charlemagne est supérieur sous ce rapport au roi Daçaratha du grand
poëme indien, qui est trop absolu, et au roi Kaus,
du *Schahnameh*, qui n'est pas obéi du tout et à
qui l'on ose dire qu'il serait mieux dans une
maison de fous que sur un trône. C'est aussi un
écueil sur lequel devra échouer l'épopée française ; mais, dans la *Chanson de Roland* avec quelle
vénération et quel amour les Français parlent de
Charlemagne ! Olivier dit :

> *Karles li Magnes de nos n'avrat aïe ;*
> *N'ert mais tel home desque à Deu juise.*

Turpin, avant de mourir, s'écrie :

> *Je ne verrai le riche empereur !*

Roland, à ses derniers moments, se souvient
aussi

> *De Carlemagne sun seignor ki l'nurrit !*

Rien n'est plus saisissant sous ce rapport que le
dialogue du roi Marsile avec le traître Gane dans
la même épopée.

Les mêmes sentiments sont exprimés dans les

---

(1) Montalembert, les *Moines d'Occident*, tome Ier, page 27.

autres poëmes. Voyez *li Charrois de Nysmes,*
vers 155, les *Quatre Fils Aymon,* vers 215 :

Pour le plus vaillant roy qui jamais n'estera.

Bientôt, sous l'influence des idées féodales et
pour plaire aux seigneurs, les trouvères ont fini
par faire de Charlemagne et d'Arthur des radoteurs,
des Cassandre, joués par leurs vassaux. La tradition confond alors Charlemagne, non plus avec
Charles Martel, mais avec Charles le Chauve.
Quelques paroles de Gane font pressentir cette
tendance.

Un autre grand caractère de la royauté dans les
poëmes français, c'est d'être légitime. Tel est le
sens principal de l'expression *droit* empereur, qui
y revient si souvent.

Aussi la royauté est-elle considérée dès lors
comme le palladium de la France :

Puis que Franchois ont roy, n'y arons raenchon !

crient les assiégeants, lorsqu'ils entendent dire que
les Parisiens ont élu Hugues Capet.

Il y a encore une circonstance à signaler, et
c'est celle qui grandit le plus Charlemagne. Je
veux parler de la protection directe de la Provi-
dence. Dieu renouvelle le miracle de Josué pour
lui laisser le temps d'achever la destruction de
l'armée de Marsile. Dans un combat contre Bali-

gant, il allait périr si Dieu n'eût relevé son courage :

Carles cancelet, por poi qu'il n'est caüt ;
Mais Deus ne volt qu'il seit mort ne vencut ;
Seint Gabriel est repairet a lui,
Si li demandet : « Reis magnes, que fais-tu ? »
Quand Carles oit la sainte voiz del angle,
Nen ad poür ne de murir dutance :
Repairet loi vigur et remembrance (1).

Charlemagne reçoit des songes. Un ange veille sur lui. Dieu l'aime :

Oiez, Seigneur, com Diex ot Karlon chier,
Qu'il nel laissa honir ne vergoingnier (2).

Dans *Agolant*, on le compare à un ange :

(1) *La chanson de Roland*, édition Muller, vers 3608 à 3614.
Il y a une scène analogue dans le *Maha-Barata*.
A peine eut-il vu que la fougue de Cvéta était irrésistible, l'auguste Bhisma de sauter promptement à terre, afin d'échapper à son coup... Bhisma de s'approcher lentement à l'aspect de Cvéta, le plus grand des héros. Dans cette conjoncture, il entendit tomber du ciel une grande et divine voix, source de bien pour lui-même : *Bhisma, Bhisma,* disait-elle, *ne tarde point, guerrier aux longs bras, à déployer tes efforts, car voici le temps que le Dieu, auteur du monde, assigna pour la victoire sur ce héros.*
« Dès qu'il eut ouï ces paroles, que proférait le messager des dieux, son âme devint allègre et il tourna son esprit à la mort de ce vaillant soldat. » Tome VII de la traduction, page 192.
(2) *Gaydon*, page 8, édition de MM. Guessard et S. Luce.

Ange ressemble du ciel jus devalé (1).

La protection de Dieu lui donne presque un caractère sacré. On ne dit pas, il est vrai, de Charlemagne comme de Rama qu'il guérit l'âme ; mais il bénit ses guerriers (2).

En résumé, le Charlemagne de la *Chanson de Roland* réalise le plus bel idéal du roi des rois. Je le trouve plus grand et surtout plus complet que Daçaratha, qu'Agamemnon, qu'Attila.

DE LA TRADITION NATIONALE. — Les diverses épopées ne rendent pas le vieil idéal mythique de la race ariane d'une manière abstraite ou allégorique ; mais chaque nation a marié ce type primordial au souvenir d'un fait historique qui lui est propre. Ainsi, dans le *Ramayana*, l'action fondamentale, c'est-à-dire la défaite du dragon par un dieu incarné et uni à un femme fatale, rappelle en même temps le triomphe des Arians-Indous sur les indigènes du Dekkan et la conquête de l'île de Ceylan avec le concours de ces indigènes soumis. L'*Iliade* rappelle la lutte des Hellènes de la Péninsule contre les populations des cités de l'Asie-Mineure. Dans la dernière rédaction des *Niebelungen*, l'antique fable de Sigurd, comme M. Amédee Thierry l'a démontré, a été remaniée

(1) Édition Bekker, page 163.
(2) Voir *Agolant* (Aspremont), vers 33, et la *Chanson de Roland*, édition Müller, vers 3066.

sous l'influence d'une situation créée par l'invasion des Hongrois, etc. Ce caractère important ne manque pas à l'épopée française, qui est inspirée par l'union libre de la monarchie avec l'Église et par l'esprit des croisades, qui en a été la conséquence.

C'est l'esprit des croisades, qui a ranimé et consacré le souvenir des luttes de Charles Martel et de Charlemagne contre les Sarrasins. La préoccupation de la croisade domine tous nos poëmes de l'âge d'or. Ce ne sont pas seulement les croisés de la *Chanson d'Antioche* qui jurent par le Saint-Sépulcre.

Dans *Raoul de Cambray*, Gautier s'écrie :

Par le sépulcre où Jhésu fu couchiés (1)

Dans le même poëme, Bernier, pour expier la mort de Raoul, dit :

Por l'amendise irai à Acre au port
Servir au temple, jà ni aura recort (2).

« Dieu, dit Ogier en détresse, si vous m'ôtez sain et sauf de ce tourment,

Vos chevaliers serai tôt mon vivant
Mer passerai en nef ou en calant
A Saint Sépulcre et à Jérusalem (3). »

(1) Page 156, édition de Leglay.
(2) Page 134. Voir aussi *Garin le Lohérain*, à la page 337 de la traduction de Paulin Pâris.
(3) Vers 6436, édition Barrois. Paris. 1842.

Dans le poëme de *Girard de Viane*, dont l'action précède immédiatement l'entrée de Charlemagne en Espagne, un ange vient separer Roland et Olivier qui se battent dans une île du Rhône et leur dit :

> *Dex le vos mande, de son ciel la amont,*
> *Laissiez ester icelle aïrison,*
> *Mais en Espagne, sor cel peuple félon.*
> *Là esprovés qui es hardis ou non ;*
> *Parmi la terre le roi Marsilion,*
> *Là conquerrez par force le roion*
> *Sor Sarrazin à force et à bandon* (1).

Lorsque, dans le poëme de ce nom, Fierabras vient braver les chrétiens, le trouvère, après avoir raconté que ce héros encore païen a saccagé Rome et tué le pape, ajoute comme dernier trait d'horreur :

> *Si tint Jérusalem, qui tant fait à amer,*
> *Et le digne sépulcre où Diex vaut susciter* (2).

Nulle part ce caractère n'est plus marqué que dans la *Chanson de Roland*, qui est elle-même une croisade contre le Sarrasins. Un des païens, qui y combattent, a détruit le temple de Jérusalem et tué

---

(1) *Poëtes français*, page 120. — Vers 3041 à 3047 dans l'édition de Bekker.

(2) Vers 63 et 64, édition de MM. Krœber et Servois.

le patriarche. Enfin, l'œuvre se termine par une
invitation directe à la croisade :

> *Saint Gabriel de part Deu li vint dire :*
> *« Carles, semun les oz de tun empire*
> *Par force iras en la tere de Sirie,*
> *Reis Vivien si succuras en Imphe,*
> *A la citet que paien unt asise.*
> *Li chrestien te recleiment e crient. »*

A la tradition nationale se rattache l'amour de
la patrie, qui est très-vif dans nos poëmes chevaleresques. Le zèle religieux n'étouffe pas le patrio-
tisme, et il lui vient au contraire en aide, parce
qu'il élève et consacre l'idéal national.

« Défendre le christianisme contre les infidèles,
dit avec raison le traducteur allemand de la *Chanson de Roland*, voilà le grand mobile ; mais les
Franks marchent à la tête des autres nations, tout
disposés à commencer le combat ; le drapeau autour duquel tous les peuples se rangent, c'est l'o-
riflamme. Le triomphe de la bannière rouge de
Saint-Denis, la victoire de Dieu, voilà ce qui fait
l'orgueil et la gloire de la France. C'est à cela que
la *Chanson de Roland* doit d'être une épopée nationale française. »

Notre patrie a deux caractères qui justifient
l'amour des chevaliers français : sa supériorité et
son charme. La supériorité de la France ne se
discute pas : c'est un axiôme dans nos ouvrages

chevaleresques. Ainsi l'auteur de la chronique attribuée à Turpin dit que le Français est appelé libre « parce que la domination et l'éclat par-dessus toutes les autres nations lui sont dus. » Jean Bodel l'affirme sans hésiter dans la *Chanson des Saxons* :

> *La Corone de France doit estre mise avant,*
> *Qar tuit autre roi doivent etre à lui apandant*
> *De la loi crestienne qui au Deu sont créant.*

Un autre trouvère dit :

> *Quand Dex eslut nonnante et dix roiaume*
> *Tot le meillor torna en douce France* (1).

La vue seule des fleurs de lis inspire la terreur aux ennemis dans le poëme de *Hugues Capet* :

> *Car les armeʒ de France sont de tels essient*
> *Qui les voit en bataille, grande paour l'en prent.*

Pourquoi la France est-elle supérieure aux autres nations? Pour deux raisons: la première, parce que Dieu présida lui-même par ses anges au couronnement de son premier roi :

> *Le premier roi de France fist Dex par son com-*
> *[mant*
> *Coroner à ses angeles dignement an chantant ;*

---

(1) *Li Coronemens Looys*, vers 13-14. Voir aussi la *Chanson de Roland*, édition Müller, vers 3032 et *passim.*

Puis le commanda estre en terre son sergent,
Tenir droite justice et la loi metre avant.
Cest commandemant tindrent après lui li auquant :
Anséys et Pépin, s'il furent conquérant,
Et Charlemaigne d'Aiz qui Dex parama tant (1).

La seconde raison est que Charlemagne a mis
dans la garde de son épée une précieuse relique,
le fer de la sainte lance :

Asez savum de la lance parler
Dunt Nostre Sire fut en la cruiz naffret,
Carles en ad l'amure, mercit Deu !
En l'oret punt l'ad faite manuvrer.
Pur ceste honur et pur ceste bontet,
Li nums Joiuse l'espée fut dunet :
Baruns franceis ne l'deivent ublier :
Enseigne en unt de Munjoie crier ;
Pur ço ne's poet nule gent cuntrester (2).

(1) La *Chanson des Saxons.* — Voir aussi *Histoire littéraire de la France,* tome XXII, page 481, et *Guillaume
d'Orange,* par Jonckbloet, tome 1, page 1, où est l'énumération des qualités exigées d'un roi de France :

Rois qui de France porte corone d'or
Preudons doit estre et vaillans de son cors ;
Bien doit mener cent mille hommes en ost,
Parmi les pors en Espaigne la fort.
Et s'il n'est home qui li face nul tort,
Ne doit garir ne à plains, ne à bos,
De ci que l'ait ou récréant ou mort ;
S'ensi nel fait, France a perdu son los.
Ce dit l'estoire, coronés est à tort.

(2) La *Chanson de Roland,* édition de Muller, vers 2503.

Dans la *Chanson de Roland* la supériorité de la France est exprimée par la qualification de *Terre-major* (1).

Le charme particulier à notre pays est rendu par le mot *douce France*. Les Sarrasins eux-mêmes se servent de cette expression :

> *Tote iert la ville essiliée et gastée,*
> *Et douce France et prise et conquestée* (2).

IV

POPULARITÉ DES CHANSONS DE GESTE.

L'UN des caractères qui permettent de placer plusieurs de nos chansons de geste, et en particulier *la Chanson de Roland,* parmi les veritables épopées, c'est d'être écrites sous une forme accessible à tous.

Il n'est pas facile de diviser les œuvres de l'esprit

---

(1) On dit aussi France la *louée,* la *garnie,* la *prisée.* Les Sarrasins emploient ces expressions :

> Et quand je vin de France la loée.
> (*Agolant,* vers 792.)

On trouve dans *Parise la Duchesse,* à la page 10, *la Grant Région.* Ce sont les Sarrasins eux-mêmes qui ont donné à la France le nom de *grande terre.* Voir *Invasion des Sarrasins en France,* par Reinaud, page 7.

(2) *Li Covenans Vivien,* page 169, édition de Jonckbloet. —

suivant la classe de la société à laquelle elles s'adressent. Néanmoins on doit reconnaître que les œuvres destinées au peuple seul sont le plus souvent grossières et sans goût. J'ajouterai que le peuple est accessible à la crédulité, mais qu'il veut de la simplicité et une certaine franchise. L'esprit bourgeois accepte volontiers la vulgarité des formes ; il aime les satires, les plaisanteries grivoises sur les femmes et sur les clercs, les petites impiétés, les petites taquineries politiques, mais il exige impérieusement le bon sens. La littérature destinée exclusivement aux classes élevées tombe facilement dans l'immoralité mondaine, dans les complications infinies, dans les subtilités de sentiment, dans les raffinements spirituels ; mais la forme en est empreinte d'un goût plus délicat.

Les œuvres réellement grandes sont accessibles à tous, aussi éloignées de la grossièreté populaire que de la vulgarité bourgeoise et du raffinement aristocratique, mais réunissant la simplicité et la franchise au bon sens et au goût.

Ce sera la gloire éternelle de la poésie française aux premiers siècles du moyen âge de n'avoir été ni rustique, ni bourgeoise, ni aristocratique, mais nationale et populaire. Elle s'adresse à toutes les classes de la société. Écoutons le trouvère d'*Aubery le Bourgoing* :

Or, escoutez, pour Deu le creator,
(Qu'il nous garde par la soie douchor !)
Bonne chançon du tems anciennor.
Oïr la doivent dus, prince et contor.
Dames, puceles, Bourjois et vavassor.....

et celui des *Quatre Fils Aymon* :

Seigneurs, or, faites pais, chevaliers et barons,
Et rois et ducs et contes et princes de renons,
Et prélas et bourgeois, gens de religions,
Dames et damoiselles et petits enfansons.

Ces œuvres étaient chantées non-seulement dans les châteaux, mais sur les places publiques, à la foule assemblée pendant les jours de fête (1). Durant tout le moyen âge, la *Chanson de Roland* fut, sous une forme ou sous une autre, le chant de guerre des Français, ainsi qu'en témoigne l'aventure si connue de Taillefer, à la bataille de Hastings :

Taillefer, qui moult bien cantoit,
Sur un roncin qui tost aloit,
Devant eux s'en aloit cantant
De Carlemagne et de Rolant
Et d'Olivier et des vassaus
Qui moururent à Roncevaus.

(1) Leroux de Lincy, *Chants historiques français*, page xxi. — *Histoire littéraire de la France*, tome XXII, page 262.

La poésie chevaleresque au moyen âge faisait vibrer les mêmes sentiments chez tous les Français sans distinction; car si elle appelait aux facultés les plus élevées et les plus délicates de l'âme, c'était sous une forme accessible aux plus humbles comme aux plus orgueilleux; c'était dans une langue née de l'idiome populaire, qui avait remplacé la langue des conquérants barbares et qui n'empruntait à ces conquérants que les ailes de l'épopée.

La manière même dont les chansons de geste ont circulé a agi sur le style, en l'obligeant à être clair et simple (1), parce qu'il devait être compris en même temps par le seigneur d'origine franke et par le paysan gallo-romain.

D'ailleurs entre ces deux hommes de race, de condition et de destinée si différentes, la croyance commune était un lien et les mœurs du moyen âge ne créaient pas une séparation absolue; ils vivaient beaucoup ensemble et côte à côte. Qu'on se représente la table du seigneur pendant le repas du soir, telle qu'un éminent romancier nous en a laissé le tableau dans le roman d'*Ivanhoë*, ou plutôt, sans passer le détroit, transportons-nous de nouveau au banquet du duc Aymon, où les seigneurs sont assis avec les bourgeois et les bourgeoises, *chascun selon son estat*. La table était commune : grâce à ce contact, le plus intime de tous et qui a même quelque chose de religieux, le grand

---

(1) *Guillaume d'Orange*, par Jonckbloet, tome II, page 211.

ne pouvait pas s'isoler dans des subtilités oiseuses et immorales : il avait un auditoire d'hommes simples et occupés de rudes labeurs ; mais, en même temps, le petit, habitué à entendre la conversation sur les grands intérêts de la religion, de la patrie, de la province, ne pouvait pas tomber dans une grossièreté qui n'y eût pas été tolérée. La vie commune était un obstacle à l'un et à l'autre mal. Tout d'un coup, le trouvère ou le jongleur, qui avait pris place à la même table, comme le marchand forain ou le mendiant, tirait son petit instrument et chantait à toutes les oreilles attentives la *Chanson de Roland* ou la *Bataille d'Alescamps*. Ni le prêtre ni la jeune fille, noble ou paysanne, n'étaient exposés à rougir, car le récit était aussi pieux que le sermon du prêtre, aussi pur que le rêve de l'enfant. Le dernier valet pleurait comme le seigneur, lorsque le chanteur racontait, sous une forme également accessible à tous par sa supériorité même, comment Roland, près de mourir, trainait les cadavres des autres pairs, auprès de Turpin blessé, pour que

L'arcevesque, que Deus mist en sun num,

leur donnât l'absoute avant de rendre lui-même sa belle âme au même Dieu. Tout le monde voulait savoir comment le traître Gane serait puni ; si Guillaume au Court Nez échapperait au dé-

sastre causé par son imprudent neveu et rejoin-
drait sa ville d'Orange, le boulevard de la chrétienté, où une honnête et héroïque épouse allait
lui rappeler, du haut des remparts, qu'un chevalier chrétien ne doit pas laisser ses vassaux exposés au fer des ennemis. La paysanne souriait
aussi discrètement que la châtelaine, aux inquié-
tudes de Guiborc sur les dangers auxquels la
beauté des dames de la cour allait exposer son
mari. Électrisé par les exploits de Roland ou de
Guillaume au Court Nez, le seigneur engageait
son donjon pour aller combattre les ennemis de
Dieu ; mais il n'y allait pas seul et plus d'un paysan a été aussi chanté par les trouvères, après
avoir été entraîné par eux.

Ce n'est pas seulement la poésie, mais l'art plastique qui avait cé caractère précieux de popularité.
Les sculptures des églises étaient avant tout « les
archives du peuple ignorant ». M. Viollet-le-Duc,
dans ses *Entretiens sur l'Architecture*, montre le
caractère essentiellement populaire de l'architecture gothique. Comme M. Taine l'a fait remarquer
avec raison en parlant du dôme de Strasbourg, la
cathédrale « parlait tout entière aux yeux, au
premier venu, à un pauvre bûcheron... dont nul
raisonnement n'eût pu percer la lourde enveloppe...
Un homme n'a pas besoin de culture pour en être
touché ».

Saluons donc avec reconnaissance, avec amour,

avec vénération, les monuments écrits, peints ou sculptés, qui ont pu unir dans un même sentiment les âmes de tous les Français, non point en les aplatissant sous le niveau de la bassesse, mais en les entraînant toutes dans les sphères les plus hautes et les plus pures, sur les ailes de la poésie ou de l'art plastique (1).

Du reste, le moyen âge n'a pas joui longtemps de cet avantage. Une scission s'est opérée peu a peu dans la société, qui a perdu insensiblement tout caractère simple et patriarcal. La transition est déjà indiquée, dans le même roman de Walter Scott, par la différence qu'il y a entre les mœurs de Cédric et celles de Wilfrid d'Ivanhoë. Combien le père est supérieur au fils sous le rapport social! La séparation des classes s'étant ainsi opérée dans les mœurs, ce qui conserva l'enveloppe extérieure de l'épopée s'égara dans la galanterie, la magie, les raffinements et les intrigues du roman d'aventures. Descendue des hauteurs pures de l'épopée vraie, d'où elle éclairait et réchauffait tous les coins de la France comme un soleil de midi, la poésie n'a plus fait que dorer·quelques sommets d'une lumière froide. Bientôt, avec Jean de Meun, le poëte de Philippe le Bel, cette littérature vint encore donner sur le récif de l'allégorie antireligieuse et antisociale. En supposant que ces œuvres

(1) Sur l'objet de l'art en général et sur la mission des artistes, voir les conférences du P. Félix en 1867.

pussent encore être comprises de tous, ce qui n'était pas, Cédric le Saxon n'aurait jamais permis qu'on les récitât devant sa nièce et devant son porcher. Il fallait à ces délicates horreurs le huis clos du salon.

M. Jonckbloet (tome II, page 55) a bien caractérisé les conséquences de cette séparation pour nos épopées. « Cette tendance de plaire par des détails grotesques, dit-il, se manifeste du moment où le peuple et la noblesse ne se trouvent plus à la même hauteur de civilisation. Les barons prêtent plus facilement l'oreille au genre de poésie plus cultivée ; les anciens chants épiques, trop simples et trop naïfs, restent du domaine du peuple, mais non sans perdre quelque chose de leur dignité, de leur majesté primitive ».

Quant au roman d'aventures, il vint échouer misérablement dans la vulgarité de la *Bibliothèque bleue*. On a eu tort de reprocher à Cervantès d'avoir tué les épopées chevaleresques. Le mutilé de Lepante n'eût pas raillé la *Chanson de Roland.* Lui et Arioste n'ont fait que donner le coup de grâce aux derniers romans d'aventures.

L'esprit bourgeois ne s'éleva pas au-dessus des roueries de Maître Renart, c'est-à-dire d'une satire, qui, assez inoffensive au début, devient irréligieuse et révolutionnaire. Le peuple était encore tombé plus bas dans la grossièreté, comme on peut malheureusement s'en assurer en étudiant certaine classe de fabliaux et de facéties (1).

Il n'est pas inutile de mentionner que, lorsque l'on essayait encore de chanter quelques sujets religieux et vraiment populaires, le poëte retrouvait, dans la chronique rimée, avec le ton épique, la forme accessible à tous. Le début de la chronique de Duguesclin le prouve bien :

Or, me veillez oïr, chevalier et meschin,
Bourjoises et bourjois, prestres, clers, Jacobins !
Et je vous chanterai commencement et fin
De la vie vaillant Bertran Dugüesclin.

Ce qu'on est eonvenu d'appeler la *Renaissance* vint, suivant l'expression de Littré, « troubler le courant naturel de la littérature française. » « La Renaissance en France, dit avec raison M. Viollet-le-Duc, ne fut qu'une invasion ; elle s'imposait, elle n'était pas acceptée par les artistes ; son résultat le plus clair fut d'éloigner chaque jour davantage la masse de la populations du domaine des arts ; au contraire, pendant la période brillante du moyen âge, l'art pénètre les masses jusque dans

(1) Le roman de *Renart contrefait,* dit avec raison M. Moland, est une œuvre toute bourgeoise, et de la moyenne plutôt que de la haute bourgeoisie. C'est l'esprit, les idées, la science, les sentiments et les besoins de cette classe qu'exprime ce vaste recueil de rimes. (*Les Poëtes français,* tome I*er*, pages 304 et 235.)

les couches inférieures (1). » Le pauvre, comme le
riche, s'intéressait, avant le dix-septième siècle, aux
représentations de l'Ancien et du Nouveau Testa-
ment sur une scène vraiment populaire (2). Il se
plaisait aux bas-reliefs du jugement dernier comme
au vitrail étalant la vie de saint Martin, de sainte
Geneviève, ou saint Louis. Et parce qu'il fallait
intéresser à ces représentations la plus simple
paysanne comme la plus noble châtelaine, l'artiste, on ne saurait trop le répéter, avait dû rester
simple et grand. David d'Angers, en vrai artiste ,
a parfaitement formulé cette loi dans le passage
déjà cité : « Les sculptures gothiques étaient les
archives du peuple ignorant. Il fallait donc que
cette écriture devînt si lisible que chacun pût la
comprendre. » Mais lors de la Renaissance, Jupiter, Vénus et Cupidon, que le pauvre peuple
ne comprend pas du tout, tombèrent sous la mauvaise influence de l'art italien déjà en déca-
dence (3); et y tombèrent d'autant plus facilement
que les classes éclairées elles-mêmes se préoccu-
paient peu du sens de ces mythes.

Aussi est-il devenu très-difficile, sinon impos-

---

(1) Voir aussi l'introduction à *La Réformes sociale en
France*, par M. le Play, qui cite ce passage de M. Viollet
le-Duc.

(2) Consulter *le Théâtre en France depuis le moyen âge
jusqu'à nos jours.* 1 vol. in-12, chez Palmé.

(3) Vitet, *Études sur l'histoire de l'art*, tome III, page 94.

sible, aux différentes classes de la société de lire les mêmes livres (1). Qu'importe au domestique qui nous sert, au cultivateur dont le labeur nous nourrit tous, à son fils qui va se faire tuer en Crimée sans savoir pourquoi, à l'Auvergnat qui nous apporte de l'eau et à sa femme rondelette qui nous mesure avec parcimonie le charbon de bois, qu'importe à tous ces honnêtes gens, nos frères en Jésus-Christ et nos compatriotes, que leur importe ce que nous chantons en prose ou en vers de toute dimension sur des sujets qui leur sont indifférents et dans une langue qu'ils ne comprennent plus (2)?

Résultat étrange et bien digne de faire réfléchir les gouvernants comme les penseurs! Quand les

(1) « L'influence des livres ne s'exerce qu'à la surface et dans une couche très-mince de la société; on ne sait pas assez combien ils pénètrent peu avant et à quel point la masse de la population demeure étrangère aux idées et aux connaissances qui ne se propagent que par cette voie. En sorte que, là où la littérature est le principal agent des notions politiques, la sympathie et l'équilibre intellectuel se rompent entre les classes élevées et le peuple. Ils cessent bientôt de se comprendre et de penser en commun. » (Guizot, *L'Église et la société chrétienne en* 1861, page 228.)

(2) « Il faut entendre par *épopées nationales* celles qui, tout en ayant reçu du génie d'un seul homme leur forme dernière, ont cependant été conçues et élaborées par les facultés de tout un peuple. C'est le monument du génie de tout un peuple, qui parle au cœur des classes les plus humbles. Le poëme littéraire est principalement une œuvre individuelle et aristocratique; elle ne révèle que le génie d'un poëte et ne s'adresse qu'aux esprits cultivés. » (E. de Lavelye, *les Eddas*, page 13.)

différences de race et les institutions sociales éle-
vaient, entre les diverses classes de la société, des
barrières infranchissables, tous les Français, sans
distinction, s'intéressaient au même art et s'eni-
vraient à la même source de poésie. Et aujourd'hui
que toutes les autres barrières sont détruites, il
s'est dressé entre les uns et les autres la barrière
du goût (1).

Aussi, je demande aux œuvres de l'esprit d'être
accessibles à tous pour atteindre la véritable grandeur; mais je leur demande surtout d'être grandes
pour devenir accessibles à tous.

Prions Dieu que nous puissions écrire un jour,
en tête de nos œuvres, la strophe que les rhapsodes
du Gange ont placée au début du *Ramayana*, le
grand poëme indien :

*Tout homme qui, pur et l'esprit attentif, lit,
dans un jour saint, cette histoire du magnanim
Rama, est lavé de ses fautes pendant la vie, et son
âme, après sa mort, s'en va heureuse par la route
des élus.*

On verra, s'ils ont lu ce poëme, le prêtre s'élever

---

(1) Ce n'est pas, du reste, le peuple qu'on doit accuser le
plus de cette séparation anormale, et par conséquent de la
grossièreté des habitudes et du langage. C'est bien plutôt la
faute des rhéteurs, des légistes, des pédants, et celle des classes
supérieures qui se sont séparées de la communion intellectuelle
et morale avec le reste de la nation, et qui, en outre, ont trop
souvent donné l'exemple de la frivolité, de la démoralisation,
de l'égoïsme et de l'incrédulité.

à toute la supériorité de la parole ; le guerrier s'é-
lever jusqu'à posséder le trône de la terre ; le com-
merçant s'élever à l'opulence par la fructification
de ses marchandises, et le paysan même qui en écoute
une lecture s'élever sans aucun doute à la grandeur !

V

QUELQUES MOTS SUR CETTE TRADUCTION

LA *Chanson de Roland* est écrite dans la langue
d'oïl, qui est l'ancien français des provinces du
Nord. Cette langue n'est pas seulement difficile à
suivre comme celle de Montaigne ou de Charles
d'Orléans : elle est incompréhensible pour les per-
sonnes qui n'en ont pas fait une étude spéciale.
On ne sera pas en mesure de lire utilement et
agréablement la *Chanson de Roland* dans le texte
original sans avoir étudié la grammaire d'oïl, et
sans recourir fréquemment aux lexiques. C'est
dire assez que le texte ne pourra jamais être abordé
que par un petit nombre d'élus, et qu'il n'arrivera
pas à la popularité.

Assurément il faut reproduire le texte original,
l'étudier, l'épurer, le conserver précieusement et
engager tous ceux qui en ont le loisir à se mettre
en état de le goûter ; mais si ce que nous avons

dit de notre épopée est vrai, la France n'a-t-elle pas le droit de demander davantage? Ne peut-elle pas exiger que son épopée soit mise à la portée de tous autant que le poëme *des Niebelungen* l'a été en Allemagne, où il a exercé sur le génie national une influence aussi incontestable qu'utile? Il en serait de même chez nous. « C'est aux chansons de geste, dit avec raison M. Paulin Pâris, qu'il appartiendra de raviver les sources de notre littérature moderne. C'est elles qui nous feront entrer, si jamais nous y entrons, dans la terre promise du romantisme. » Il fallait donc traduire la *Chanson de Roland*. MM. Delécluze, Génin, Vitet, A. de Saint-Albin, Lehugeur et Léon Gautier en ont publié des traductions en prose.

Le but que je me suis proposé en travaillant à cette traduction d'après un autre système, est de vulgariser les précieux restes de nos épopées nationales sans en altérer les traits, sans leur ôter la couleur, sans en abaisser le ton, c'est-à-dire en leur laissant la vie. Je n'ai pas cherché à refaire la *Chanson de Roland* : on ne refait pas à une époque le poëme d'une autre époque. Ce que j'ai essayé, c'est de *reproduire* plutôt que de traduire ; c'est de conserver le style.

Ma version ne diffère guère du texte que par la suppression de l'épisode de Baligant, qui, d'après de bons juges, a été ajouté à la chanson primitive.

Le vers de la *Chanson de Roland* n'a que des assonances. Pour y ajouter la rime, il aurait fallu modifier le texte, et aurait-on pu le faire sans en changer l'effet, sans compromettre le ton épique? Je ne l'ai pas tenté, reconnaissant d'ailleurs avec les auteurs de l'*Histoire littéraire de la France* qu'en remplaçant les assonances par des rimes exactes, les trouvères postérieurs ont corrompu le caractère et altéré le style de la composition primitive telle qu'elle se trouve dans le manuscrit d'Oxford. J'ai cru même pouvoir sacrifier l'assonance, qui, à la vérité, dit quelque chose à l'oreille, et qui a de la valeur dans les œuvres chantées, mais qui ne parle pas beaucoup aux yeux.

J'ai conservé le vers de dix pieds, d'abord parce que c'est le vers même de l'original; en second lieu, parce qu'il me paraît préférable à tous les autres pour la gravité et la vivacité du récit épique Il a une allure plus libre que l'alexandrin et il n'offre pas les mêmes difficultés. D'ailleurs, le vers décasyllabique est né sur le sol français et c'est à nos poëtes que les Italiens l'ont emprunté.

Je crois par ces procédés ne pas trop défigurer, pour la lecture, un texte qui n'a que des assonances.

J'y ai trouvé l'immense avantage de pouvoir reproduire plusieurs centaines de vers sans y avoir fait aucun changement : ce n'est plus alors une traduction, mais une simple transcription. Rien n'est plus propre selon moi à donner le senti- ment et l'idée du poëme original.

Je dirai maintenant quelques mots sur la valeur littéraire de cette chanson.

VI

DE LA COMPOSITION ET DU STYLE DANS LA CHANSON DE ROLAND

L E meilleur manuscrit de la *Chanson de Roland* et le plus ancien est signé du nom de Turoldus; mais on ne sait pas si c'est le nom de l'auteur ou celui du copiste. Ce manuscrit est conservé dans la bibliothèque d'Oxford.

On peut dire, avec l'*Histoire littéraire de la France*, « que l'ordonnance du poëme est d'une régularité irréprochable et que l'intérêt d'unité lui donne une sorte d'avantage sur les autres épopées. L'action se développe et se dénoue avec une extrême clarté ». Un autre juge compétent, M. Vitet, trouve même que cette unité serait par- faite si l'on supprimait les épisodes de la guerre de Baligant et du procès de Gane.

La forme de nos chansons de geste est celle d'un récit entremêlé de dialogues. Les batailles sont une série de combats singuliers auxquels les héros s'excitent par des paroles. Comme dans l'*Iliade*, comme dans les poëmes indiens (1), ils s'injurient avant de s'assaillir, et le dialogue est presque toujours consacré à la justification encore plus qu'à la glorification de la cause pour laquelle le héros combat. Ces explications préliminaires sont si bien entrées dans les mœurs chevaleresques que, lorsqu'elles n'ont pas eu lieu, c'est une particularité que le trouvère se croit obligé de mentionner, comme par exemple au 5385e vers de la *Bataille d'Alescamps* :

Là ont la nôtre gent paiene encontrée :
Ni ot parole dite ne devisée.
Tant chevalier corent de randonée,
Se vont férir sanz nule démorée.

Les trouvères se plaisent dans les longues énumérations, dans les dénombrements si chers à l'épopée. Le poëte de la *Chanson de Roland* n'aurait pas, comme le bel esprit Euripide, critiqué le vieil Eschyle d'avoir parlé trop longuement des chefs qui allaient attaquer les sept portes et des héros thébains qu'Étéocle leur opposait (2).

(1) « Ces combattants d'abord commencèrent par se dire leurs noms l'un à l'autre ; enfin ils s'adressèrent des provocations mutuelles au combat. » (Maha-Barata tome VII, page 388; tome IX, page 247.

(2) Voir les *Sept contre Thèbes* et les *Phéniciennes*.

Les nombreuses citations qui précèdent ont pu donner une idée du style de nos chansons de geste. Ce style est naturel et vivant; il a un caractère bien marqué de sincérité et de force; on se sent transporté dans une atmosphère saine. Cependant la fleuraison des chansons de geste ayant duré près de quatre siècles, il y a de grandes différences d'une œuvre à l'autre. La *Chanson de Roland* est la plus remarquable sous le rapport de la forme.

« On reconnaîtra, disent avec raison les auteurs de l'*Histoire littéraire de la France*, que le style en est simple, grave, imposant d'une chaleur pénétrante... Le vers se forme de lui-même sans recherche, sans travail, sans ôter au langage ordinaire rien de sa libre allure. L'esprit poétique n'est pas dans un certain agencement de mots, dans l'emploi des comparaisons et des métaphores; il résulte de la nature de l'action et de la grandeur des personnages. Cherchez, pour raconter les mêmes choses, d'autres vers et d'autres paroles : vous jugerez de la difficulté de mieux rencontrer en faisant autrement, et vous sentirez le mérite réel de cet inestimable monument de la poésie nationale. L'auteur ne tombe jamais dans les lieux communs, les longueurs, les négligences (1). »

(1) Tome XXII, page 735.

Il appelle les choses par leur nom, comme la Bible, comme Homère et Dante. Il ne pense pas qu'il y ait des mots nobles dont on peut se servir en poésie, et d'autres mots qui ne doivent jamais entrer dans ce genre de composition (1).

On ne trouvera pas dans la *Chanson de Roland* des passages ou des vers à effet ; il n'y en pas non plus dans l'*Iliade.* Si quelques morceaux, quelques

---

(1) « Ce style prosaïque (*Flavie au lit malade*) est inadmissible dans le tragique, dit Voltaire à propos de *Théodore*. La poésie n'est faite que pour *déguiser et embellir* tous ces détails. »

Creuzé de Lesser dit dans la préface d'un poëme sur Roland : « Pour bien peindre des hommes que se battent, il faut pouvoir dire où ils se blessent. Cependant il y a très-peu de parties du corps humain qu'il soit permis de nommer en poésie française..... On ne peut presque rien spécifier... Dans le combat de Roger et de Mandricart, Arioste dit tout simplement :

> *Durindana taglio cotenna, ed osso,*
> *E nel capo a Ruggiero entro due dita*

Durendal coupa la peau, l'os, et entra de deux doigts dans la tête de Roger.

« J'avoue, continue M. de Lesser, que, dans l'innocence de mon cœur, j'avais parlé de ces *deux doigts* qui expriment s positivement la profondeur de la plaie. Les craintes unanimes de plusieurs littérateurs *pleins de goût* m'ont forcé à retrancher cette expression et à faire un autre vers plus poétique, mais plus vague, et tel qu'on ne sait pas bien jusqu'à quel point Roger est blessé. »

Le trouvère de Roland n'a pas de ces scrupules ; ce n'est pas lui qui, pour éviter le mot tambour, aurait, avec un traducteur de Dante, choisi cette périphrase : « L'instrument bruyant qui excite nos guerriers. »

vers peut-être, produisent plus d'impression que les autres, c'est à leur place dans l'ensemble, et ils perdraient une partie de leur valeur à en être isolés. Cependant il y a certains moments où l'émotion augmente, non pas, je le répète, par les artifices du style, mais par l'intérêt ou la grandeur de la situation et par le développement correspondant des caractères. J'ai déjà parlé de la scène dans laquelle Gane brave le roi Marsile; elle peut se comparer à tout ce qu'il y a de plus grand dans ce genre, avec le passage du *Schahnameh* où Rustem reçoit les envoyés du roi Kaus, et même à la scène admirable des *Niebelungen* dans laquelle Hagen et Walter refusent de se lever devant Krimhilde. J'appellerai aussi l'attention sur le portrait de Roland au moment où les Français se disposent à attaquer les infidèles. Le second combat, celui dans lequel l'armée de Marsile, après la défaite de l'avant-garde, se rue sur les Français, est le nœud de l'action; il y a de ces luttes décisives dans presque toutes les épopées, et la nôtre n'a rien à envier au combat d'Ulysse et de Télémaque contre les prétendants, ni à la grande tuerie qui termine le poëme des *Niebelungen*. Les scènes qui suivent entre Turpin et Roland et les derniers moments du héros sont aussi remarquables par une sensibilité vraie que par le sentiment religieux. Il semble que Roland grandisse encore quand il sent que la mort lui est proche, comme Œdipe au moment où il entre dans le bois sacré pour y mourir. « Qui n'admire pas une telle page, dit avec raison M. Léon Gautier, n'a pas une goutte de sang chrétien ni de sang français dans les veines (1). » L'émotion va toujours croissant et notre épopée atteint les dernières limites du pathétique, sans être tombée une seule fois dans l'exagération et dans l'horrible, lorsque l'empereur va seul chercher sur le champ de bataille le corps de son neveu. « Devant ces admirables scènes, dit M. Vitet, un seul mot vient à l'esprit, le mot *sublime*. » L'apparition de la fiancée dans la forme discrète du manuscrit d'Oxford vient couronner dignement l'œuvre de notre trouvère (2).

(1) *Etudes historiques pour la défense de l'Église*, page 268.

(2) Je ne puis pas, comme le font les auteurs de l'*Histoire littéraire*, excuser les additions verbeuses qui dénaturent cette admirable scène dans les autres manuscrits. Tome XXII, page 752.

LA CHANSON

DE ROLAND

LA CHANSON

DE ROLAND

I

COMMENT LE ROI MARSILE ENVOIE DES MESSAGERS
A CHARLEMAGNE

NOTRE grand roi, l'empereur Charlemagne,
Sept ans tout pleins en Espagne est resté.
Jusqu'à la mer il conquit le pays.
Il n'est château qui tienne devant lui.
Cités ni murs ne restent à forcer,
Hors Saragosse, en haut d'une montagne.
Marsile y tient : il n'adore pas Dieu,
Sert Mahomet et réclame Apollon (1).
Il ne pourra se garder de malheur. AOI (2).

(1) Les musulmans n'adorent pas Mahomet, mais le Dieu
unique. Les poésies chevaleresques confondent aussi ces *infidèles* avec les païens de l'antiquité et leur attribuent un culte
à Jupiter et à Apollon.
(2) Le mot AOI se trouve à la fin d'un grand nombre de
strophes de la *Chanson de Roland*. Le sens de cette particule
n'est pas bien connu : les uns y voient une exclamation guer-
rière, tandis que d'autres pensent que c'est une indication musi-
cale à l'usage du jongleur qui chantait ce poëme.

Le roi Marsile était à Saragosse.
Il est allé dans un verger à l'ombre,
Sur un perron de marbre il s'est couché.
Autour de lui sont plus de vingt mille hommes.
Il en appelle à ses ducs et ses comtes (1) :
« Sachez, seigneurs, quel malheur nous encombre :
« Car l'empereur Charles de douce France (2)
« En ce pays nous est venu confondre.
« Je n'ai d'armée à pouvoir le combattre,
« Ni telle gent à disperser la sienne.
« Conseillez-moi comme mes hommes sages :
« Préservez-moi de la mort, de la honte. »
Pas un païen qui réponde un seul mot,
Fors Blancandrin, du château de Val-Fonde.

Blancandrin est des plus sages païens,
Un chevalier de beaucoup de courage,
Homme de bien pour aider son seigneur,
Il dit au roi : « Ne vous effrayez pas.
« Offrez à Charle, à l'orgueilleux, au fier
« Loyal service et très-grande amitié.
« Présentez-lui des ours, lions et chiens.
« Sept cents chameaux et mille autours mués (3),
« D'or et d'argent trois cents mulets chargés ;
« Cinquante chars qu'il en fera remplir ;
« Bien en pourra payer tous ses soldats.

(1) A cette époque, la société musulmane était organisée féo-
dalement en Espagne. Les appellations de duc, comte, etc.,
sont employées ici à propos.

(2) L'épithète de *douce* est ordinairement jointe au nom de
la France, même par les Sarrasins.

(3) Mués, après la mue. C'est le moment où les oiseaux de
chasse ont le plus de valeur.

« En ce pays, c'est assez guerroyer ;
« Promettez-lui que, s'il retourne en France,
« Vous l'y suivrez au jour de saint Michel,
« Pour recevoir la loi de chrétienté,
« Être son homme en tous biens, tous honneurs.
« Vous enverrez des otages, s'il veut,
« Ou dix ou vingt qu'il ait confiance,
« Envoyons-lui les enfants de nos femmes.
« Dût-il périr, j'y enverrai le mien !
« Il est bien mieux qu'ils y perdent leurs têtes
« Que nous perdions et l'honneur et nos biens,
« Que nous soyons réduits à mendier ! » AOI.

Il dit encor : « Sire, par ma main droite,
« Et par la barbe à mon sein ventelant !
« Vous allez voir leur troupe se défaire ;
« Les Franks iront en France, sur leur terre ;
« Chacun sera dans son meilleur domaine ;
« Chacun sera dans Aix, à sa chapelle ;
« A Saint-Michel il fera grande fête.
« Le jour viendra, le terme passera :
« Il n'entendra de nous mot ni nouvelle.
« Charles est fier, et son cœur est cruel.
« Il tranchera les têtes des otages ;
« Mais il est mieux qu'ils y perdent la tête,
« Que nous perdions notre Espagne la belle,
« Que nous ayons des maux et des souffrances. »
Chaque païen dit : « C'est peut-être bien. »

Le roi Marsile a fini son conseil.
Il appela Clarin de Balaguet,
Estramarin et son pair Eudropin,
Et Priamon et Garlan le barbu,

Et Machiner et son oncle Maheu,
Et Joymer et Malbien d'outre-mer,
Et Blancandrin pour dire son dessein.
Des plus félons il en appela dix.
« Seigneurs barons, allez vers Charlemagne.
« En la cité de Cordres il réside.
« Branches d'olive en vos mains porterez,
« Signifiant paix et humilité.
« Si par votre art vous pouvez m'accorder,
« Vous recevrez beaucoup d'or et d'argent,
« Terres et fiefs, tant que vous en voudrez. »
— « Nous en avons assez, » répondent-ils. AOI.

Le roi Marsile a fini son conseil.
Il dit aux siens : « Donc, seigneurs, vous irez,
« Branches d'olive en vos mains porterez
« Et vous direz à Charlemagne, au roi,
« Que pour Jésus il ait merci de moi ;
« Qu'il ne verra ce premier mois passer
« Sans que je vienne avec mille des miens ;
« Je recevrai la loi de chrétienté,
« Serai son homme, et de cœur et de foi,
« Et s'il en veut, il aura des otages. »
Blancandrin dit : « Vous aurez bon succès. » AOI.

Marsile a fait venir dix mules blanches,
Que lui donna le roi de Suatilie :
Les freins sont d'or et les selles d'argent.
Les messagers sont montés sur les mules,
Portant en main des branches d'olivier.
Ils ont rejoint Charles, le roi de France.
Il ne pourra faire qu'ils ne le trompent. AOI.

II

COMMENT CHARLEMAGNE REÇOIT LES MESSAGERS
DE MARSILE

NOTRE empereur est en fête, en liesse,
Il a pris Cordres et mis les murs en pièces!
Par ses pierriers il a détruit les tours,
Ses chevaliers en ont un grand butin
D'or et d'argent, et de riches armures.
Il n'est resté nul païen dans la ville
Qui n'ait été occis ou baptisé (1).
Notre empereur est dans un grand verger;
Sont avec lui Roland, sire Olivier,
Sanche le duc et le fier Anséis,
Geoffroy d'Anjou, gonfalonier du roi;
Gérin y fut et son ami Gérer.
Il y avait aussi bien d'autres preux :
De douce France ils étaient quinze mille.
Ces chevaliers sont sur des tapis blancs,
Jouent au damier pour s'amuser entre eux,
Au jeu d'échecs les vieux et les plus sages.
Les bacheliers légers jouent à l'escrime.
Dessous un pin, auprès d'un églantier,
Est un fauteuil qu'on a fait tout d'or pur.

(1) C'est dans les chansons de geste un usage de tuer ceux
qui refusent le baptême; cependant plusieurs papes, et notamment saint Grégoire le Grand, s'étaient déjà prononcés contre
les conversions forcées.

Là sied le roi qui tient la douce France.
Blanche est sa barbe et sa tête fleurie ;
Noble est son corps, sa contenance fière.
Le cherche-t-on, n'est besoin qu'on le montre !
Les messagers descendent de leurs mules ;
Avec respect et grâce ils le saluent.

C'est Blancandrin qui parle le premier,
Il dit au roi : « Salut au nom de Dieu,
« Le glorieux que devez adorer !
« Vous fait mander le brave roi Marsile :
« Qu'il s'est enquis d'un moyen de salut,
« De son avoir vous veut donner beaucoup,
« Ours et lions, lévriers enchaînés,
« Sept cents chameaux et mille autours mués,
« D'or et d'argent trois cents mulets chargés ;
« Cinquante chars que vous pourrez remplir.
« Tant y aura de besants d'un or pur
« Que vous pourrez bien payer vos soldats.
« Assez longtemps vous fûtes en Espagne :
« Dans Aix, en France, il vous faut retourner
« Là vous suivra mon maître, il le promet. «
Notre empereur étend les mains vers Dieu,
Baisse la tête et commence à penser. AOI.

Notre empereur tient la tête inclinée.
De sa parole il n'est jamais hâtif,
Sa coutume est de parler à loisir.
Il se redresse, et son visage est fier.
Puis il répond : « Vous avez bien parlé.
« Le roi Marsile est fort mon ennemi ;
« A ce discours, que vous venez de dire,

« Par quel moyen pourrai-je me fier ?
Le Sarrasin lui dit : « Par des otages,
« Dont vous aurez ou dix ou quinze ou vingt.
« Dût-il périr, j'y mets un fils à moi ;
« Vous en aurez peut-être de plus nobles.
« Quand vous serez dans le royal palais
« A célébrer le jour de saint Michel,
« Là vous suivra mon maître, il le promet ;
« A vos bains d'Aix, que Dieu pour vous a faits,
« Il a dessein de se faire chrétien. »
Charles répond : « Il pourra se sauver ! » AOI.

Le soir fut beau ; le soleil était clair.
Le roi fait mettre à l'étable les mules.
En un verger il fait tendre une tente,
Les messagers il y fait héberger ;
Douze sergents les ont bien accueillis.
Jusqu'au jour clair ils y passent la nuit.
De grand matin s'est levé l'empereur ;
Charles entend la messe et les matines,
Et sous un pin l'empereur est allé.
Pour le conseil il mande ses barons :
Par ceux de France il veut en tout marcher. AOI.

III

COMMENT LES FRANÇAIS DÉLIBÈRENT SUR LES PROFOSITIONS DU ROI MARSILE

Notre empereur est allé sous un pin.
Il a mandé ses barons au conseil,

Le duc Ogier, l'archevêque Turpin,
Richard le vieux et son neveu Henry,
Le vaillant comte Acelin de Gascogne,
Thibaut de Reims et Milon son cousin ;
Gérer y fut et son ami Gérin.
Le preux Roland y vint en même temps
Avec le noble et vaillant Olivier.
Des Franks de France (1) ils étaient plus de mille,
Ganes y vint, qui fit la trahison.
Lors commença ce conseil de malheur. AOI.

« Seigneurs barons, dit Charles l'empereur,
« Le roi païen m'a transmis un message.
« De son avoir il m'offre grande part :
« Ours et lions, lévriers enchaînés,
« Sept cents chameaux et mille autours mués,
« Trois cents mulets chargés de l'or arabe ;
« Avec cela plus de cinquante chars.
« Mais il entend que je m'en aille en France.
« Il me suivra dans Aix, ma résidence ;
« Il recevra notre loi salutaire,
« Sera chrétien, de moi tiendra ses terres ;
« Mais je ne sais s'il en a le dessein. »
Et les Français disent : « Prenons bien garde ! »
[AOI.

Notre empereur a fini ses raisons.
Le preux Roland, qui point ne les approuve,
Saute sur pieds et vient y contredire.
Il dit au roi : « Ne croyez pas Marsile !

---

(1) C'est-à-dire de la France proprement dite. Le mot *frank*
servait aussi à désigner les hommes libres.

« Depuis sept ans nous sommes en Espagne.

« Je vous conquis et Noples et Commible,

« J'ai pris Valterne et la terre de Pine,

« Et Balaguet, et Tudèle et Sézille.

« Le roi Marsile a toujours été traître.

« Il vous manda quinze mille des siens,

« Chacun portant une branche d'olive ;

« Ils vous disaient tous ces mêmes discours.

« De vos Français vous prîtes les avis.

« On conseilla quelque accommodement.

« Vers le païen vous mandâtes deux comtes ;

« L'un fut Basan et le second Basile :

« Il leur coupa la tête auprès d'Haltile.

« Faites la guerre entreprise par vous ;

« Vers Saragosse amenez votre armée (1),

« Assiégez-la plutôt toute la vie,

« Et vengez ceux que le félon occit. » AOI.

Notre empereur tient la tête baissée,
Flatte sa barbe et tire sa moustache,
A son neveu ne répond bien ni mal.
Tous les Français se taisent ; Ganelon
Saute sur pieds ; il vient devant le roi,
Et fièrement commence ses raisons.

« N'écoutez pas, sire, les insensés,

« Ni moi ni d'autre, mais bien votre avantage.

« Lorsque le roi païen vous fait mander

« Qu'il deviendra votre homme à deux mains
                                     [jointes,

« De votre don tiendra toute l'Espagne,

(1) Le texte dit : Votre *ost banie*, c'est-à-dire convoquée par un ban.

« Et recevra la foi que nous gardons.
« Celui qui dit de rejeter cette offre
« N'a nul souci quelle mort nous mourions.
« Conseil d'orgueil n'a droit d'être suivi.
« Laissons les fous et tenons-nous aux sages. »

[AOI.

Nayme le duc vient après Ganelon (1);
Il n'y avait plus brave homme à la cour.
Il dit au roi : « Vous avez entendu
« Ce que le preux Ganes a répondu ?
« Il a raison ; qu'il soit donc écouté !
« Le roi Marsile est vaincu dans la guerre ;
« Vous avez pris toutes ses forteresses,
« Par vos pierriers avez brisé ses murs,
« Vaincu sa troupe et brûlé ses cités.
« Quand il vous prie avoir merci de lui,
« Qu'en garantie il offre des otages :
« Lui faire plus ce serait un péché.
« Faut mettre fin à cette longue guerre. »
Les Franks disaient : « Le duc a bien parlé ! » AOI.

IV

COMMENT ROLAND FAIT DÉSIGNER GANE POUR ALLER

EN AMBASSADE AUPRÈS DE MARSILE

SEIGNEURS barons, qui donc enverrons-nous
« A Saragosse auprès du roi Marsile ? »

(1) Diminutif très-usité de Gane. On dit de même Karl-on,
Marsili-on.

Nayme répond : « J'irai, si vous voulez ;
« Donnez-m'en donc le gant et le bâton (1). »
Le roi répond : « Vous êtes homme sage ;
« Non, par ma barbe et par cette moustache,
« Si loin de moi vous n'irez cette année.
« Asseyez-vous, quand nul ne vous appelle !

« Qui donc, seigneurs, pourrons-nous envoyer
« Au Sarrasin qui garde Saragosse ? »
Roland répond : « J'y puis aller très-bien. »
Olivier dit : « Non, vous n'en ferez rien.
« Votre courage est trop fier et farouche,
« Et je craindrais de vous quelque querelle.
« Si le roi veut, j'y puis aller très-bien. »
Le roi répond : « Tous les deux, taisez-vous ;
« Ni vous ni lui n'y porterez les pieds.
« Par cette barbe ici, qu'on voit blanchir,
« Les douze pairs y seront mal venus. »
Tous les Français se taisent, restent cois.

Turpin de Reims se lève de son rang.
« Laissez, dit-il, vos Français reposer.
« En ce pays vous fûtes sept années ;
« Ils ont eu tant de travaux et de mal !
« Donnez à moi le bâton et le gant :
« Je m'en irai vers ce païen d'Espagne.
« Je voudrais voir un peu comme il est fait. »
Notre empereur lui répond en colère :
« Asseyez-vous sur votre tapis blanc ;
« Ne parlez plus, si je ne vous commande. » AOI.

(1) Le gant et le bâton indiquent l'investiture d'une charge
ou d'une mission. Roland blessé offre son gant à Dieu comme
pour lui faire hommage de lui-même.

« Chevaliers franks, dit le roi Charlemagne,
« Choisissez donc un baron de ma terre,
« Qui portera mon message à Marsile. »
Roland lui dit : « C'est Gane, mon parâtre. »
Et les Français : « Certe, il le peut bien faire !
« Vous n'enverrez aucun qui soit plus sage. »
Le comte Gane en fut rempli d'angoisses.
Il rejeta son grand manteau de martre,
Il reste alors en blouse de satin ;
Ses yeux sont clairs et son visage fier,
Son corps est noble et sa poitrine large ;
Il est si beau ! tous ses pairs le regardent.
« Roland, dit-il, fou, pourquoi cette rage ?
« Chacun sait bien que je suis ton parâtre (1).
« Tu m'as nommé pour aller chez Marsile ?
« Si Dieu permet que de là je revienne,
« Je t'en aurai si grand ressentiment
« Qu'il durera pendant toute ta vie ! »
Roland répond : « C'est orgueil et folie !
« Je n'ai souci, chacun sait, des menaces.
« Pour ce message, il faut un homme sage ;
« Si le roi veut, je le ferai pour vous. »
Gane répond : « Pour moi tu n'iras pas : AOI.
« Tu n'es mon homme et je ne suis ton sire.

(1) Voir *Berte aux grands piés* :

> Li premier des enfants, de ce ne doutez mie,
> Que Pépins ot de Berte la Blonde, l'eschevie,
> Orent-ils une fille sage et bien enseignie
> Femme Milon d'Ayglent ; moult ot grant seignorie,
> Et fu mère Rollant.

La mère de Roland avait épousé Milon en premières noces et fut ensuite mariée à Gane.

« Puisque le roi pour son service ordonne,
« J'irai trouver Marsile à Saragosse ;
« Mais j'y mettrai quelque retardement
« Pour dissiper cette grande colère. »
Lorsqu'il l'entend, Roland commence à rire. AOI.

V

GANE DÉFIE ROLAND ET LES AUTRES PAIRS.

IL SE REND A SARAGOSSE

QUAND Gane voit que Roland rit de lui,
    Il est tout près d'éclater de colère,
Il s'en faut peu qu'il ne perde le sens.
« Roland, dit-il, je ne vous aime pas :
« Vous m'avez fait choisir perfidement.
« Droit empereur (1), me voici devant vous :
« Je veux remplir votre commandement.
« Je sais qu'il faut que j'aille à Saragosse. AOI.
« Qui va là-bas, ne peut en revenir,
« J'ai cependant épousé votre sœur :
« J'ai d'elle un fils : il n'en est que plus beau !
« Baudoin ! on dit déjà qu'il sera brave.
« Je laisse à lui mes fiefs et mes domaines.
« Gardez-le bien, je ne le verrai plus ! »
Charles répond : « Trop avez le cœur tendre.
« Puisque j'ordonne, il faut que vous alliez. » AOI.

---

(1) *Droit* comme *droiturier* signifie à la fois légitime et juste. Cette expression très-caractéristique des idées du moyen âge revient fréquemment dans nos poëmes.

Il dit encor : « Ganelon, avancez
« Et recevez le bâton et le gant.
« Vous l'entendez, les Français vous choisissent. »
Gane répond : « Roland seul a tout fait!
« De mon vivant je ne l'aimerai plus,
« Ni Olivier pour être son ami,
« Les douze pairs, parce qu'ils l'aiment tant!
« Je les défie ici, sire, à vos yeux! »
Le roi lui dit : « Vous avez trop de rage,
« Or, vous irez, puisque je le commande. »
— « J'y peux aller, mais n'aurai de garant :
« Basan n'en eut, ni son frère Basile! » AOI.

Le roi lui tend le gant de la main droite ;
Mais Ganelon voudrait n'être pas là.
Il va le prendre et le gant tombe à terre.
Les Franks de dire : « O Dieu, qu'est ce présage?
« De cet envoi nous viendra grande perte. »
— « Vous en saurez, dit Gane, des nouvelles. »
Il dit au roi : « Donnez-moi le congé.
« S'il faut aller, je n'ai plus à tarder. »
Le roi lui dit : « Pour Jésus et pour moi! »
Il le bénit, l'absout de sa main droite(1),
Et lui remet le bâton et la lettre.

Le comte Gane à son hôtel retourne :
De l'armement se met à s'occuper,
Prend le meilleur de ceux qu'il peut trouver,
Fixe à ses pieds des éperons d'or pur,

(1) Charlemagne bénit et absout. Cependant la royauté française n'avait rien de sacerdotal, mais seulement un caractère patriarcal et le prestige religieux du sacre.

A son côté ceint Murglès, son épée;
Sur Tachebrun, son destrier, il monte.
C'est Guinemer qui lui tient l'étrier.
Vous eussiez vu maint chevalier pleurer.
Ils disent tous : « Quel dommage pour vous!
« Vous avez tant hanté la cour du roi!
« Noble guerrier l'on vous y proclamait.
« Celui qui vous désigna pour aller,
« Même le roi ne pourra le défendre.
« Le preux Roland n'eût dû penser à vous :
« Vous êtes né de si grande famille.
« Emmenez-nous, sire, » lui disent-ils.
Gane répond : « Ne plaise au Seigneur Dieu !
« Mieux vaut mourir seul qu'avec tant de preux!
« Vous en irez, seigneurs, en douce France.
« Vous saluerez ma femme de ma part
« Et Pinabel, mon pair et mon ami,
« Baudoin, mon fils, que vous connaissez bien.
« Aidez à lui, tenez-le pour seigneur! »
Il prend sa voie et s'est acheminé. AOI.

Il chevauchait : sous un haut olivier
Sont réunis les messagers païens.
C'est Blancandrin qui pour lui s'attardait.
L'un parle à l'autre avec grande finesse.
Blancandrin dit: « Merveilleux homme est Charles!
« Il prit la Pouille et la Calabre entière,
« Passa la mer, entra dans l'Angleterre,
« Dont il conquit le tribut à saint Pierre;
« Que nous vient-il chercher sur notre terre? »
Gane répond : » Si grand est son courage!
« Homme jamais ne vaudra contre lui. » AOI.

Blancandrin dit : « Les Français sont très-braves ;
« Mais bien grand mal font ces ducs et ces comtes
« A leur seigneur qui donnent tels conseils :
« Ils ruineront les autres et lui-même. »
Gane répond : « Je n'en connais pas d'autre,
« Hormis Roland ; mais il en aura honte.
« Charles un jour à l'ombre était assis
« En la prairie, auprès de Carcassonne.
« Son neveu vient, vêtu de sa cuirasse ;
« Il tient en main une pomme vermeille.
« — Tenez, beau sire, a dit Roland à Charles,
« De tous les rois j'offre à vous les couronnes ! —
« Son grand orgueil le devrait bien confondre,
« Car chaque jour il s'expose à la mort.
« Roland occis, nous aurions tous la paix !» AOI.

Blancandrin dit : « Roland est très-cruel,
« Qui veut dompter toutes les nations,
« Et disputer ainsi toutes les terres.
« Par quelle gent croit-il exploiter tant ? »
Gane répond : « Par la gent des Français.
« Ils l'aiment tant qu'ils ne lui faudront pas ;
« Il leur a tant donné d'or et d'argent,
« Mulets, chevaux, armures et soierie !
« Même le roi a de tout à son gré.
« Jusqu'au Levant (1),il lui conquerra tout ! » AOI.
Chevauchent tant et Gane et Blancandrin
Que l'un à l'autre ils engagent leur foi,
Qu'ils chercheront que Roland soit occis.

Chevauchent tant, par voie et par chemin,

(1) *D'ici qu'en Orient* est une locution familière et prover-
biale qui rappelle l'époque et la préoccupation des croisades.

Qu'à Saragosse ils viennent sous un if.
Sur un fauteuil, mis à l'ombre d'un pin,
Enveloppé d'une soie égyptienne,
Était le roi qui tient toute l'Espagne.
Autour de lui sont vingt mille païens.
Il n'est aucun qui dise ou souffle mot,
Tant ils voudraient apprendre les nouvelles !
Ils voient venir Ganes et Blancandrin.

VI

COMMENT GANE BRAVE LE ROI MARSILE

BLANCANDRIN vient devant le roi Marsile,
 Et par le poing il tient le comte Gane ;
« Salut à vous, dit-il, par Apollon
« Et Mahomet, dont nous gardons les lois !
« Nous avons fait votre message à Charles.
« Il eleva ses deux mains en amont,
« Loua son Dieu, ne fit autre réponse.
« Il vous envoie un sien noble baron ;
« Il est de France ; il est homme puissant.
« Sachez par lui si c'est la paix ou non. »
— « Qu'il parle donc, dit Marsile, on l'écoute. »
                                        [AOI.

Le comte Gane avait bien réfléchi ;
Avec grand art il commence à parler,
Comme celui qui le sait faire bien.
Il dit au roi : « Salut au nom de Dieu,

« Le glorieux que devons adorer !
« Charles le brave à vous mande ceci :
« Si recevez la sainte loi chrétienne,
« Aurez en fief la moitié de l'Espagne ;
« Si ne voulez accepter cet accord,
« Vous serez pris de force, mis aux chaînes,
« Au siége d'Aix vous serez amené.
« Par jugement là-bas vous finirez ;
« Vous y mourrez en honte et vilenie. »
Le roi Marsile en fut tout frémissant :
Il tient en main un dard empenné d'or ;
Veut l'en frapper ; mais on l'a retenu. AOI.

Le roi Marsile a changé de couleur,
Et de son dard la hampe en a tremblé.
Gane le voit, met la main à l'épée,
Et de deux doigts la tire du fourreau ;
Puis il lui dit : « Vous êtes belle et claire ;
« Devant ce roi, tant que je vous tiendrai,
« Le roi de France, il ne pourra pas dire
« Que je meurs seul au pays étranger.
« Les plus hardis vous auront bien payée ! »
Les Sarrasins : « Empêchons la mêlée ! »

Les chefs païens ont tant prié le roi
Qu'en son fauteuil Marsile s'est assis.
Son oncle dit : « Vous avez mal agi,
« Quand vous cherchiez à frapper le Français :
« Vous le deviez écouter et l'ouir. »
Gane lui dit : « Je peux bien l'oublier,
« Mais ne voudrais, pour tout l'or que Dieu fit,
« Et tous les biens qui sont en ce pays,

« Si le loisir m'en reste, ne pas dire
« Ce que, par moi, Charles, le roi puissant,
« Vous mande, à vous, son mortel ennemi. »
Gane portait un grand manteau de martres
Et recouvert d'une soie égyptienne ;
Il l'a jeté, Blancandrin le reçoit ;
Mais, son épée, il ne veut la lâcher :
De sa main droite il tient la garde d'or.
Païens disaient : « C'est un noble baron ! « AOI.

Auprès du roi Gane s'est avancé ;
Puis il lui dit : « A tort vous vous fâchez,
« Quand l'empereur de France vous fait dire
« De recevoir la sainte loi chrétienne.
« Vous garderez la moitié de l'Espagne ;
« Il donnera l'autre part à Roland.
« Quel partenaire orgueilleux vous aurez !
« Si ne voulez accepter cet accord,
« A Saragosse il va vous assiéger ;
« Vous serez pris de force et mis aux chaînes.
« Puis vous serez conduit dans Aix, en France.
« Vous n'y aurez palefroi ni mulet,
« Ni destrier pour chevaucher dessus ;
« Serez jeté sur un mauvais sommier (1).
« Par jugement, vous y perdrez la tête.
« Notre empereur vous écrit cette lettre. »
Il l'a remise en la main du païen.

(1) Le chevalier monte à la bataille et à la parade un destrier, en route un palefroi ou un mulet. La bête de charge
s'appelle roussin, sommier ou bidet.

VII

COMMENT MARSILE DÉLIBÈRE AVEC GANE

MARSILE était tout pâle de colère.
Il rompt le sceau, dont il jette la cire,
Voit les raisons écrites dans la lettre :
« Charles m'écrit, Charles le roi de France,
« En rappelant la peine et la colère
« Qu'il ressentit pour Basan et Basile,
« Dont j'ai coupé la tête au mont d'Haltile,
« Si de mon corps je veux sauver la vie,
« Faut envoyer mon oncle, le calife ;
« Sinon, jamais Charles ne m'aimera. »
Alors le fils de Marsile parla ;
Il dit au roi : « Gane a dit des folies !
« Il a tant fait qu'il n'a plus droit de vivre.
« Livrez-le-moi, j'en ferai bien justice. »
Gane l'entend ; il brandit son épée,
Et sur le tronc du pin va s'appuyer.

Dans le verger s'en est allé le roi,
Et les meilleurs des païens avec lui.
C'est Blancandrin, à la tête chenue,
Jurfalet, fils de l'héritier du roi,
Son oncle aussi, le fidèle calife.
Blancandrin dit : « Rappelez le Français :
« De nous servir il m'engagea sa foi. »
Le roi lui dit : « Vous-même, amenez-le. »
Il a pris Gane aux doigts par la main droite,

Dans le verger l'a mené jusqu'au roi.
On pourparla la trahison injuste. AOI.

« Beau sire Gane, a dit le roi Marsile,
« J'ai devers vous montré peu de raison
« Quand j'ai voulu vous frapper par colère :
« Je la répare avec ces zibelines,
« Qui valent plus de cinq cents livres d'or.
« Avant demain, j'en paierai belle amende. »
Gane répond : « Je ne refuse pas ;
« Qu'il plaise à Dieu vous bien récompenser !» AOI

Marsile dit : « Gane, sachez-le bien,
« J'ai le désir de vous aimer beaucoup,
« Je veux ouir parler de Charlemagne.
« Il est bien vieux ! Il a fini son temps !
« Il a, je sais, bien deux cents ans passés.
« Par tant de lieux il démena son corps !
« Il a reçu tant de coups sur l'écu !
« Il a conduit tant de rois à l'aumône !
« Quand sera-t-il las de faire la guerre ? »
Gane répond : « Non, Charles n'est pas tel ;
« Nul ne le voit, et n'a pu le connaître,
« Qui ne dira que l'empereur est noble.
« Je ne saurais le louer et vanter
« Autant qu'il a d'honneur et de bonté.
« Et sa valeur, qui pourrait la conter ?
« Dieu fit briller en lui tant de noblesse !
« Mieux vaut mourir que quitter son service !

Le païen dit : « Je suis émerveillé
« Que l'empereur soit si vieux et chenu !

« Je sais qu'il a bien deux cents ans et plus !
« Par tant de lieux son corps a travaillé
« Et tant reçu coups de lance et d'épieu !
« Il a conduit tant de rois à l'aumône !
« Quand sera-t-il las de faire la guerre ? »
— « Quand son neveu vivra, jamais ! dit Gane.
« Il n'a d'égal sous la hape du ciel.
« Son compagnon Olivier est si brave !
« Les douze pairs, que Charles chérit tant,
« Font l'avant-garde avec vingt mille Franks.
« Charle est tranquille ; il ne craint aucun
[homme ! »

Le païen dit : « C'est vraiment merveilleux
« Que l'empereur soit si blanc et chenu !
« Je sais qu'il a bien plus de deux cents ans !
« Il est allé conquérant tant de terres,
« A tant reçu de coups d'épieux tranchants !
« Il a défait et tué tant de rois !
« Quand sera-t-il las de faire la guerre ? »
— « Tant que Roland vivra, jamais ! dit Gane.
« Il n'a d'égal jusques en Orient !
« Son compagnon Olivier est si brave !
« Les douze pairs que Charles aime tant,
« Font l'avant-garde avec vingt mille Franks.
« Charle est tranquille, homme vivant ne craint. »
[AOI.

— « Beau sire Gane, a dit le roi Marsile,
« J'ai telle gent, plus belle n'en verrez.
« Je puis avoir quatre cent mille preux,
« Pour attaquer Charles et les Français?
Gane répond : « Non ; pas pour cette fois.

« De vos païens vous auriez grande perte.

« Pas de folie, et tenez-vous aux ruses.

« A l'empereur donnez tant de richesses

« Que les Français en soient émerveillés.

« Envoyez-lui vingt otages aussi.

« En douce France il s'en retournera.

« Il laissera bien loin l'arrière-garde ;

« Le preux Roland y sera, je l'espère,

« Puis Olivier, le brave, le courtois.

« Tous deux sont morts, si l'on veut bien me croire

« Charles verra son grand orgueil tomber.

« Il n'aura plus désir de vous combattre. » AOI.

— « Beau sire Gane, a dit le roi Marsile,

« Par quel moyen puis-je occire Roland? »

Gane répond : « Je saurai vous le dire :

« Le roi sera dans les grands défilés ;

« L'arrière-garde au loin sera restée ;

« Roland le fier y sera, son neveu,

« Puis Olivier, en qui tant il se fie :

« Vingt mille Franks ils auront dans leur troupe.

« De vos païens envoyez-leur cent mille,

« Qui tout d'abord leur livreront bataille.

« Les Franks seront affaiblis et blessés.

« Il y aura grand martyre des vôtres.

« Livrez aux Franks une seconde attaque :

« Dans l'une ou l'autre, il faut que Roland reste

« Vous aurez fait une belle bataille.

« Et n'aurez plus de guerre en votre vie. AOI.

« S'il se pouvait que Roland y fût mort,

« Charles perdrait le bras droit de son corps;

« Sa merveilleuse armée y resterait.

« Il ne pourrait réunir telle force.
« Terre-major (1) resterait en repos. »
Quand il l'entend, le roi le baise au cou.
Puis il a fait apporter ses trésors. AOI.
Le roi répond (que diraient-ils de plus ?) :
« Bon conseiller celui dont on s'assure.
« Jurez la mort de Roland, s'il y est ! »
Gane répond : « Qu'il soit comme il vous plaît. »
Sur la relique en son épée enclose,
Il a juré : la trahison est faite ! AOI.

Il y avait un fauteuil en ivoire.
Le roi Marsile y fait porter un livre
Qui renfermait la loi de Mahomet ;
Ceci jura le Sarrasin d'Espagne,
S'il peut trouver à l'arrière Roland,
De le combattre avec toute sa troupe
Et, s'il le peut, de le faire mourir.
Gane répond : « Votre vœu s'accomplisse ! » AOI.

Alors s'avance un païen, Valdabrun.
Il éleva le roi Marsilion.
Clair et riant : « Vous voyez mon épée,
« Dit-il au Frank, nul n'en a de meilleure,
« La garde vaut plus de mille mangons (2).
« Par amitié, sire, je vous la donne :
« Contre Roland le baron aidez-nous,
« Que nous puissions le trouver à l'arrière. »
— « Ce sera fait, » répond le comte Gane.
Puis à la joue, au menton ils se baisent.

(1 Terre-*major* désigne la France. On dit aussi *la grant région.*
(2) Mangons, pièce de monnaie.

Arrive après le païen Climorin.
Clair et riant, il dit à Ganelon :
« Prenez mon casque ; on n'en vit de meilleur,
« Contre Roland le marquis aidez-nous.
« Que nous puissions sûrement le honnir. »
— « Ce sera fait, » lui répond Ganelon.
Puis à la bouche, à la joue ils se baisent. AOI.

Arrive alors la reine Bramimonde.
Elle lui dit : « Je vous aime beaucoup,
« Car mon seigneur et tous ses gens vous prisent.
« Deux bracelets j'envoie à votre femme :
« Ils ont tant d'or, de grenats, d'améthystes,
« Qu'ils valent plus que tout l'avoir de Rome.
« Votre empereur n'en eut jamais de tels. »
Gane les prend et les place en sa botte. AOI.

Le roi demande au trésorier Mauduit :
« Les dons pour Charle avez-vous preparés? »
Le trésorier répond : « Oui, sire, bien :
« Sept cents chameaux chargés d'or et d'argent,
« Et vingt enfants, les plus nobles otages. » AOI.

Marsile tient Ganelon par l'épaule :
« Vous êtes brave et sage, lui dit-il ;
« Par cette foi, que vous tenez la bonne,
« Ne changez pas de sentiments pour nous.
« De mon avoir vous aurez grande part :
« C'est dix mulets chargés d'or fin arabe ;
« Je vous ferai de même tous les ans.
« Prenez les clés de cette cité vaste,
« A l'empereur présentez ces grands dons.
« Faites-moi mettre à l'arrière Roland.

« Si je le puis trouver aux défilés,
« A lui je livre une bataille à mort. »
Gane répond : « M'est avis que je tarde. »
Il monte en selle et se met en voyage (1). AOI.

VIII

CHARLEMAGNE SE MET EN ROUTE AVEC LA GRANDE ARMÉE

NOTRE empereur regagne ses quartiers ;
Il est venu dans la cité de Galne.
Le preux Roland l'a prise et renversée ;
Pendant cent ans elle en resta déserte.
De Ganelon il attend des nouvelles
Et le tribut du grand pays d'Espagne.
Or, un matin, quand l'aube apparaissait,
Le comte Gane arrive au campement. AOI.

De grand matin l'empereur s'est levé,
Charles entend la messe et les matines.
Sur l'herbe verte, il est devant sa tente.
Roland y fut et le brave Olivier,
Nayme le duc, beaucoup d'autres aussi.
Ganelon vint, le traître, le parjure !

(1) La tradition a maudit le lieu où cette trahison a été pré-
parée. Voir *Aye d'Avignon*, page 50 :
    Si grant vertu i fist Damediex por Karlon
    Que des loriers qui furent là planté environ
    Ainc puis n'en porta nul ne foille ni boton.

Avec astuce il commence à parler
Et dit au roi : « Salut au nom de Dieu !
« J'apporte ici les clefs de Saragosse.
« De grands trésors je vous fais amener.
« Et vingt enfants ; faites-les bien garder !
« Le brave roi Marsile aussi vous mande
« De ne le pas blâmer pour le calife.
« Car de mes yeux j'ai vu trois cent mille hommes.
« Casques fermés, vêtus de leurs hauberts,
« Ceints d'une épée à garde d'or niellée,
« Qui se sont tous embarqués avec lui,
« Fuyant le roi parce qu'ils ne voulaient
« Ni recevoir ni garder notre foi.
« Ils n'avaient pas navigué quatre lieues,
« Que la tempête et le vent les accueillent.
« Ils sont noyés ; vous n'en verrez pas un.
« S'il n'était mort, j'amenais le calife.
« Au roi païen, sire, vous pouvez croire :
« Vous ne verrez ce premier mois passer
« Sans qu'il vous suive au royaume de France.
« Il recevra la foi que vous gardez,
« Votre vassal à mains jointes sera,
« De vous tiendra le royaume d'Espagne. »
Le roi lui dit : « Grâces en soient à Dieu !
« Bien avez fait ; en aurez grand profit. »
Mille clairons sonnent parmi l'armée.
On déshéberge, on charge les sommiers ;
Vers douce France on s'est acheminé. AOI.

Charles le Magne a ravagé l'Espagne,
Pris les châteaux, violé les cités.
L'empereur dit que sa guerre est finie ;

Vers douce France il chevauche, le roi.
Le preux Roland fixe son étendard
En haut d'un tertre et vers le ciel dressé.
Par le pays les Franks sont hébergés.
Et les païens, par ces longues vallées,
Vont chevauchant, enseignes déployées,
Basques lacés et ceints de leurs épées,
Ecus au cou et les lances levées.
Sur les hauteurs, dans un bois ils font halte :
Quatre cent mille y attendent l'aurore.
Dieu! quel malheur que les Français l'ignorent!

[AOI.

Le jour s'en va, la nuit devient obscure.
Charles s'endort, le puissant empereur.
Il songe alors qu'il est aux défilés;
Entre ses mains il tient sa lance en frêne,
Quand Ganelon vient la saisir sur lui,
Qui la secoue et la brandit si fort
Que vers le ciel en volent les éclats.
Charles dormait; il ne s'éveille pas.

Après, il songe une autre vision,
Qu'il est en France, à son Aix-la-Chapelle.
Un ours le mord au bras droit durement.
Il voit venir d'Ardenne un léopard
Qui fièrement s'attaque à son corps même.
Un lévrier sort alors de la salle;
Il vient à Charle au galop et par bonds.
Tranche d'abord l'oreille droite à l'ours,
Puis, furieux, combat le léopard.
Les Franks disaient : « Quelle grande bataille! »

Mais on ne sait lequel la gagnera (1).
Charles dormait ; il ne s'éveille pas. AOI.

IX

COMMENT GANE FAIT DÉSIGNER ROLAND
POUR COMMANDER L'ARRIÈRE-GARDE

L A nuit s'en va, l'aube claire apparaît.
  Notre empereur chevauche fièrement,
Sur son armée il regarde souvent.
« Seigneurs barons, a dit l'empereur Charles,
« Voici les ports et les étroits passages :
« Nommez quelqu'un pour rester à l'arrière. »
Gane répond : « C'est Roland, mon filâtre (2) :
« N'avez baron d'un aussi grand courage. »
Le roi l'entend, fièrement le regarde.
Puis il lui dit : « Vous êtes un vrai diable !
« Mortelle rage au corps vous est entrée :
« Et qui fera devant moi l'avant-garde? »
Gane répond : « Ogier d'Ardennemark :
« N'avez baron qui mieux que lui la fasse, » AOI.

Le preux Roland entend qu'on le désigne ;
Il a parlé comme un vrai chevalier :

(1) L'ours est Gane, le léopard Pinabel, et le lévrier Thierry. Le bras droit de l'empereur est Roland. Ce qui rend cette explication assez plausible, c'est que Roland est appelé le bras de Charles ici et dans la *Chanson des Saxons*.
(2) Beau-fils, c'est le mot correspondant à *marâtre* et à *parâtre*.

« Je vous dois bien aimer, sire parâtre :
« Vous m'avez fait désigner pour l'arrière.
« Le roi qui tient la France, n'y perdra
« Ni palefroi ni mulet, que je sache,
« Ni destrier qui puisse chevaucher ;
« Il n'y perdra ni roussin ni sommier
« Qui n'aient été vendus cher à l'épée. »
— « Vous dites vrai, je le sais bien, » dit Gane. AOI.

Quand Roland sait qu'à l'arrière il sera,
Avec colère il parle à son parâtre :
« Ahi ! pervers, et de mauvaise race,
« Tu croyais donc que le gant me cherrait,
« Comme te fit le bâton devant Charles ! » AOI.

« Droit empereur, dit Roland le baron,
« Donnez-moi l'arc que vous tenez au poing :
« Ils ne pourront, certes, me reprocher
« De le laisser tomber, comme fit Gane,
« Quand il reçut le bâton dans sa main. »
De l'empereur le front se rembrunit.
Il tient sa barbe et détord sa moustache.
Il ne peut pas s'empêcher de pleurer.
Après Roland le duc Nayme est venu ;
Il n'y a pas plus brave homme à la cour.
Il dit au roi : « Vous l'avez entendu !
« Le preux Roland il est fort irrité !
« L'arrière-garde est assignée à lui ;
« Aucun baron qui la conduirait mieux.
« Donnez-lui l'arc que vous avez tendu,
« Et trouvez-lui des gens qui l'aident bien. »
Le roi le donne, et Roland l'a reçu.

Notre empereur s'adresse à son neveu :
« Mon beau neveu, sachez bien qu'avec vous
« Je veux laisser la moitié de l'armée ;
« Retenez-la, car c'est votre salut ! »
Roland lui dit : « Non, je n'en ferai rien.
« Si je démens mon sang (1), Dieu me confonde !
« Je retiendrai vingt mille Français braves ;
« Passez les monts en toute sûreté,
« De mon vivant ne craignez aucun homme. »

[AOI.

X

COMMENT CHARLEMAGNE PASSE LES PYRÉNÉES

AVEC LE GROS DE L'ARMÉE

LE preux Roland monte son destrier,
Avec lui vient Olivier son ami ;
Gérin y vient, et le brave Gérer,
Béranger vient, le preux Othon aussi,
Sanche est venu, et le vieil Anséis ;
Le fier Gérard de Rossillon y vient,
Y est venu le puissant duc Gaifer.
Turpin a dit : « Par ma tête, j'irai ! »
— « Et moi de même, a dit le preux Gautier ;
« Je suis son homme et ne lui dois faillir. »
Se sont choisis vingt mille chevaliers. AOI.

(1) Le texte dit : Se la *geste* en desment. Ce mot est le plus
souvent employé dans le sens de famille ; il signifie aussi *faits*,
actions, comme le latin *gesta*.

Le preux Roland dit à Gautier de Lum :
« De nos Français de France prenez mill
« Pour occuper les hauteurs et les gorges ;
« Que l'empereur n'y perde aucun des siens. »

[AOI.

Gautier répond : « Pour vous je dois bien faire. »
Puis il a pris mille Français de France.
Gautier parcourt les hauteurs et les gorges.
Quoi qu'il apprenne, il n'en descendra pas
Avant qu'ils aient tiré sept cents épées (1).
Almaris, roi du pays de Belferne,
Leur livrera ce jour un dur combat.
Hauts sont les pics, les vallons ténébreux,
Les rochers gris, les défilés sinistres.
Dans la douleur les Franks passent ce jour.
On entendait leur bruit de quinze lieues ;
Ils approchaient de la Terre-major,
Voient la Gascogne, une terre à leur sire.
Il leur souvient de fiefs et de domaines,
De jeune fille ou bien de noble épouse ;
Il n'en est pas qui de pitié ne pleure.
Mais l'empereur est le plus angoisseux ;
Aux défilés il laisse son neveu.
Pitié l'en prend, ne peut ne pas pleurer. AOI.

Les douze pairs sont restés en Espagne,
Vingt mille Franks sont en leur compagnie.

(1) Voici le texte de ce passage, dont le sens est assez difficile
à préciser :

> N'en descendrat pur malvaises nuveles. (,)
> Enceis qu'en seient VII. C. espées traites, (.)
> Reis Almaris del règne de Belferne
> Une bataille lur livrat le jur pesme.

Ils n'ont pas peur ni crainte de mourir.
Notre empereur retourne vers la France,
Sous son manteau cachant sa contenance.
Auprès de lui chevauche le duc Nayme.
Il dit au roi : « Pourquoi cette tristesse ? »
Charles répond : « Le demander m'offense ;
« J'ai si grand deuil, ne puis ne pas gémir :
« Par Ganelon France sera détruite.
« La nuit en songe un ange me fit voir
« Qu'entre mes mains Gane brisait ma lance.
« Il fit choisir pour l'arrière Roland ;
« Je l'ai laissé sur la terre étrangère ;
« Si je le perds, je n'aurai son pareil. » AOI.

Charles le Grand ne peut ne pas pleurer.
Cent mille Franks pour lui s'attendrissaient,
Et pour Roland ont merveilleuse peur.
Le félon Gane a fait marché de lui.
Du roi païen il en eut de grands dons,
D'or et d'argent, de robes, de soieries,
Mulets, chevaux et chameaux et lions.
Marsile mande et les barons d'Espagne,
Et les émirs, les comtes et les ducs,
Les amiraux et les fils de ses comtes.
Quatre cent mille il rassemble en trois jours,
Et ses tambours fait battre à Saragosse ;
Met Mahomet sur la plus haute tour (1).
Il n'est païen qui ne prie et l'adore ;
Les Sarrasins chevauchent à l'envi
Par les vallons et les monts de Cerdagne.
De ceux de France ils voient les gonfalons,

(1) C'est-à-dire l'image de Mahomet.

L'arrière-garde où sont les douze pairs :
De l'attaquer ils ne manqueront pas.

XI

COMMENT DOUZE CHEFS PAIENS S'ENGAGENT

A TUER ROLAND

S'EST avancé le neveu de Marsile
Sur un mulet qu'il touche d'un bâton.
Il dit au roi bellement en riant :
« Beau sire roi, je vous ai tant servi !
« J'ai tant souffert de labeurs et de peines,
« Et tant gagné de batailles en champ !
« A moi l'honneur de combattre Roland (1) !
« Je l'occirai de mon épieu tranchant,
« Si Mahomet me veut être propice ;
« J'affranchirai tout le pays d'Espagne,
« Depuis les ports jusques à Durestant.
« Charles lassé, les Français rebutés,
« Vous n'aurez plus de guerre en votre vie. »
A lui Marsile en a donné le gant. AOI.

Quand le neveu tient le gant à son poing,
Il interpelle avec fierté son oncle :

---

(1) Le texte dit :

Dunez m'un feu : ço est le colp de Rollant.

Feu signifie fief, don, honneur, grâce. Il était dans les mœurs
chevaleresques de solliciter l'honneur du premier coup.

« Beau sire roi, m'avez fait un grand don !
« Choisissez donc onze de vos barons,
« Nous combattrons les douze compagnons. »
Tout le premier, Falseron lui répond
(Il était frère au roi païen Marsile) :
« Mon beau neveu, vous et moi nous irons.
« Certainement nous ferons cette attaque ;
« Les Franks que Charle à l'arrière a laissés,
« Il est jugé que nous les occirons. « AOI.

Le roi Corsable arrive d'autre part,
Un barbaresque et de très-grande astuce.
Il a parlé comme un bon chevalier :
Il ne voudrait pour rien être couard.
Voici venir Malprimis de Brigal ;
Plus vite il court que ne fait un cheval.
Devant Marsile il s'écrie hautement :
« Je conduirai mon corps à Roncevaux,
« Et si je joins Roland, je le tuerai. »

Un amiral, Balaguet, était là,
Noble a le corps, visage fier et clair.
Il est monté sur son cheval de guerre,
Et se fait fier de ses armes qu'il porte.
Pour le courage, il est bien renommé :
S'il eût été chrétien, quel noble preux (1) !

(1) Cette réflexion est très-fréquente dans nos poëmes. Voir *Garin le Lohérain*, page 37 de la traduction, et les vers suivants de *Fierabras*, page 18 :

> Se il vausist Jhésu croire ni aùrer,
> Nul milleur chevalier ne péust on trouver.

On appliquait la même réflexion aux Sarrasines :

> Assez fu gente, s'ele fust baptiziée.

(*Foulque de Candie*, page 22.)

Devant le roi Marsile il s'écria :
« A Roncevaux, je conduirai mon corps,
« Roland est mort si je puis le trouver,
« Comme Olivier et tous les douze pairs.
« Les Franks mourront en deuil et grande honte.
« Charles le Magne est vieux et radoteur ;
« Il sera las de mener cette guerre,
« Il laissera notre Espagne en repos! »
Le roi païen l'a beaucoup remercié. AOI.

Il y avait un émir de Moriane
Le plus félon en la terre d'Espagne.
Devant Marsile il fait sa vanterie :
« A Roncevaux, je guiderai me troupe ;
« Ils sont vingt mille avec écus et lances :
« Je garantis Roland mort, si le trouve.
« N'y aura jour que Charles ne s'en plaigne. »
[AOI.

Arrive après Turgis de Tourtelouse.
Il était comte et maître de la ville.
De nos chrétiens il veut faire un grand vide ;
Devant Marsile aux autres il s'ajoute :
« Ne craignez rien, sire, car Mahomet
« Vaut plus, dit-il, que saint Pierre de Rome.
« Vous le servez : l'honneur du champ est nôtre ;
« A Roncevaux j'irai joindre Roland,
« Nul ne pourra le garantir de mort.
« Voyez ma lame, elle est et bonne et longue ;
« A Durendal (1) je la veux opposer.

(1) Durendal est l'épée de Roland. On raconte plus loin comment elle lui fut donnée. Les épées avaient un nom et étaient l'objet d'une grande vénération. Ce trait est commun à tous

« Vous apprendrez laquelle a le dessus.
« Les Franks mourront s'ils s'exposent à nous.
« Charles le vieux en aura deuil et honte,
« Plus ici-bas ne portera couronne. »

Arrive après Escremiz de Valterne,
Il est païen et maître de sa terre.
Devant Marsile il s'écrie en la foule :
« A Roncevaux, j'irai vaincre l'orgueil ;
« Si je le joins, Roland perdra la tête,
« Comme Olivier, qui commande les autres :
« Les douze pairs sont tous jugés à mort ;
« Français mourront, France en sera déserte,
« De bons guerriers Charles aura disette. » AOI.

Un chef païen, Esturganz, était là,
Estramariz aussi, son compagnon.
Ils sont félons et traîtres suborneurs.
Le roi leur dit : « Seigneurs, avancez-vous ;
« En Roncevaux allez aux défilés ;
« Vous m'aiderez à conduire ma troupe. »
Les deux païens répondent : « A vos ordres !
« Nous combattrons Olivier et Roland ;
« Les douze pairs m'éviteront la mort.
« Nos lames sont et bonnes et tranchantes,
« Nous les ferons vermeilles de sang chaud ;
« Français mourront, Charle en sera dolent.
« Nous vous ferons don de Terre-major ;

les poëmes chevaleresques. Les plus illustres épées sont
l'œuvre d'un forgeron scandinave, nommé Galant, ou de ses
fils.

« Venez-y, roi, vous le verrez vraiment;
« De l'empereur nous vous ferons présent. »

Vient en courant Margariz de Sibille.
Jusqu'à la mer il possède la terre;
Pour sa beauté, dames lui sont amies:
Il n'en est pas qui ne s'épanouisse
En le voyant et qui ne lui sourie:
Nul païen n'a tant de chevalerie.
Par-dessus tous, du milieu de la foule,
Il crie au roi : « Ne vous effrayez pas,
« A Roncevaux, j'irai tuer Roland;
« Sire Olivier n'y sauvera sa vie;
« Les douze pairs restent pour leur martyre.
« Et cette épée, emmanchée en or pur,
« Don de l'émir de Primes, je vous jure
« Qu'elle sera teinte de sang vermeil:
« Français mourront, France en sera honnie.
« Charle le vieux, à la barbe fleurie,
« Jour ne sera qu'il n'ait deuil et colère.
« Au bout d'un an nous aurons pris la France,
« Nous coucherons au bourg de Saint-Denis (1)! »
Le roi païen fait un profond salut. » AOI.

Arrive alors Chernuble de Valnègre.
Ses longs cheveux vont balayant la terre;
Il porte un faix plus lourd en se jouant
Que ne le font quatre mulets chargés.
Dans le pays, dit-on, dont il était,
Soleil ne luit et le blé ne peut croître;

(1) Le roi de France est souvent appelé *le roi de Saint-Denis*.
Voir les *Quatre Fils Aymon*, vers 351; *Huon de Bordeaux*,
page 206, etc.

Jamais de pluie et jamais de rosée ;
Pierre n'y a qui ne soit toute noire.
Quelques-uns croient que les diables y restent (1).
Chernuble dit : « J'ai ceint ma bonne épée,
« A Roncevaux, je la teindrai vermeille ;
« Si je rencontre en mon chemin Roland
« Et ne l'attaque, on peut ne plus me croire ;
« Je conquerrai Durendal par l'épée,
« Français mourront, France en sera déserte. »
Les douze chefs païens sont réunis :
Ils conduiront cent mille Sarrasins.
A la bataille ils s'excitent, se pressent,
Et vont s'armer dans une sapinière.

XII

COMMENT OLIVIER RECONNAIT QUE LES SARRASINS S'APPROCHENT

ILS se couvraient de leurs hauberts moresques,
Dont la plupart sont d'une triple maille ;

1 Dans *le Covenant Vivien*, au vers 1619, il est aussi fait mention d'un pays où le soleil ne se lève jamais et où rien ne pousse.

Il n'est guère admissible que le trouvère, si exact dans ses mentions géographiques relatives à la France, ait imaginé arbitrairement les noms des pays sarrasins. Je crois que ces noms se rattachent tous à quelque souvenir ou à quelque tradition. Mais, après beaucoup de tentatives, suivies d'autant de déceptions, j'ai renoncé, pour mon compte, à trouver l'explication de la plupart des noms de pays qui se trouvent dans la *Chanson de Roland*. Peut-être arriverait-on à quelques découvertes intéressantes à l'aide des racines arabes, mais plutôt pour les noms d'hommes.

s ont lacé leurs bons casques d'Espagne ;
)'acier viennois ils ceignent des épées ;
Écus sont forts, les épieux de Valence,
Les gonfalons blancs et bleus et vermeils.
Ils ont laissé mulets et palefrois,
Sur destriers ils chevauchent serrés.
Clair fut le jour et beau fut le soleil :
Ils n'ont sur eux rien qui ne reflamboie.
Pour que ce soit plus beau, les clairons sonnent.
Grand est le bruit : les Français l'entendirent.
Olivier dit : « Ami Roland, je crois
Que nous aurons bataille des païens. »
Roland répond : « Eh ! que Dieu nous l'octroie !
Pour notre roi, nous devons résister ;
Pour son seigneur on doit souffrir détresse,
Tout endurer, et grand chaud et grand froid,
Dût-on y perdre et du cuir et du poil !
Que chacun pense à fournir de grands coups ;
Que contre nous on ne chansonne pas (1) !
Païens ont tort, chrétiens ont le bon droit.
Jamais de moi n'aurez mauvais exemple. » AOI.

Sur un haut pic Olivier est monté,
Regarde à droite et, par le val herbu,
Il voit venir cette gent sarrasine.
Il appelle Roland, son compagnon :
Quelle rumeur j'entends venir d'Espagne !
Que de hauberts, de casques flamboyants !
Pour nos Français voici grande tourmente.
Il le savait, le traître et félon Gane,

(1) La préoccupation du chansonnement se retrouve dans tous
les poëmes chevaleresques.

« Quand devant Charle il nous a désignés. »
Roland répond : « Taisez-vous, Olivier ;
« N'en sonnez plus un mot : c'est mon parâtre. »

Sire Olivier est monté sur un pic ;
Or il voit bien le royaume d'Espagne
Et les païens qui sont en si grand nombre.
Il voit briller ces casques d'or gemmés (1),
Et ces écus et ces hauberts frangés,
Et ces épieux et ces drapeaux hissés :
Mais il ne peut compter les bataillons :
Tant y en a qu'il n'en sait pas le nombre.
Il en est fort en lui-même troublé.
Du mieux qu'il put, il descendit du pic,
Vint aux Français et leur raconta tout.

Olivier dit : « J'ai vu tant de païens,
« Jamais sur terre un homme n'en vit plus.
« Là, devant nous, ils sont bien cent mille
[hommes,
« Casques lacés, vêtus de blancs hauberts,
« Lances en l'air, les épieux bruns luisants.
« Bataille aurez comme il n'en fut jamais.
« Seigneurs français, Dieu vous donne courage !
« Tenez au champ, que ne soyons vaincus ! »
Et les Français : « Malheur à qui s'enfuit !
« Mais pour mourir pas un ne vous faudra. » AOI.

(1) *Gemmés*, c'est-à-dire ornés de pierreries.

XIII

POURQUOI ROLAND NE VEUT PAS SONNER DE SON COR

OLIVIER dit : « Païens ont grande force,
　　« De nos Français me semble avoir bien peu ;
« Ami Roland, sonnez de votre cor :
« Charle entendra, ramènera l'armée. »
Roland répond : « Je ferais comme un fou ;
« En douce France y perdrais mon renom.
« Je frapperai grands coups de Durendal ;
« L'acier sera sanglant jusqu'à la garde.
« Pour leur malheur les païens sont aux gorges.
« Je vous le dis, tous sont jugés à mort ! » AOI.

— « Ami Roland, sonnez de votre cor :
« Charle entendra, ramènera l'armée ;
« Avec ses preux le roi nous secourra. »
Roland répond : « Ne plaise au Seigneur Dieu,
« Que mes parents en soient blâmés pour moi,
« Et France douce en tombe en déshonneur.
« Je frapperai fort avec Durendal,
« A mon côté ceinte, ma bonne épée ;
« Vous en verrez la lame ensanglantée.
« Les païens sont rassemblés pour leur perte.
« Je vous le dis, tous sont livrés à mort. » AOI.

— « Ami Roland, sonnez de votre cor.
« Charle entendra, qui passe aux défilés.
« Je garantis que les Franks reviendront. »

— « Ne plaise à Dieu, lui répondit Roland,
« Qu'homme vivant puisse dire jamais
« Que j'ai été corner pour des païens !
« N'en auront pas mes parents ce reproche.
« Quand je serai dans la grande bataille,
« Je frapperai mille et sept cents bons coups.
« De Durendal l'acier sera sanglant.
« Français sont bons ; ils frapperont en braves.
« N'échapperont les païens à la mort. »

Olivier dit : « Quel serait le reproche ?
« Je les ai vus, les Sarrasins d'Espagne.
« En sont couverts et les monts et les vaux,
« Et les coteaux et les plaines entières.
« Grande est l'armée à la gent étrangère.
« Nous n'y avons qu'une petite troupe. »
Roland répond : « Mon courage en grandit.
« A Dieu ne plaise, à ses très-saints anges,
« Que, pour moi, France y perde son renom !
« Mieux vaut mourir que la honte m'atteigne.
« Plus nous frappons, plus l'empereur nous aime ! »

Brave est Roland ; mais Olivier est sage.
Ils ont tous deux un merveilleux courage !
Et dès qu'ils sont à cheval, sous les armes,
Ils ne fuiront la bataille par crainte.
Bons sont les preux et leurs paroles fières.
Les Sarrasins chevauchent avec rage.
Olivier dit : « Roland, voyez un peu,
« Les voici près : Charle est trop loin de nous.
« Sonner du cor tantôt vous ne daignâtes.
« Charle y serait, nous n'aurions nul dommage.
« Regardez là, vers les gorges d'Espagne :

« C'est une triste arrière-garde à voir !
« Qui l'aura faite, il n'en fera plus d'autre ! »
Roland répond : « Ne dites tel outrage !
« Maudit celui dont le cœur se couarde !
« Nous resterons fermes en cette place ;
« A nous ici de battre et de combattre (1)! » AOI.

Quand Roland voit qu'il y aura bataille,
Il se fait fier plus que tigre et lion,
Il parle aux Franks, interpelle Olivier :
« Mon compagnon, ne parlez pas ainsi.
« Notre empereur nous laissa des Français,
« Il en fit mettre à part ces vingt mille hommes :
« A son escient, il n'y a pas un lâche !
« Pour son seigneur, on doit souffrir grands maux,
« Tout endurer, et grands froids et grands chauds.
« On doit y perdre et son sang et sa chair.
« Va de ta lance et moi de Durendal,
« Que me donna le roi, ma bonne épée (2);
« Et, si je meurs, qui l'aura pourra dire :
« Fut cette épée à noble chevalier. »

XIV

COMMENT L'ARCHEVÊQUE DONNE L'ABSOLUTION
AUX FRANÇAIS AVANT LA RENCONTRE

D'AUTRE part est l'archevêque Turpin.
Il éperonne et monte sur un tertre,

(1) J'ai essayé de rendre l'allitération du vers :
          Par nus i ert e li *colps* e li *caples*.

(2) On verra plus bas dans quelle circonstance Charlemagne
donna Durendal à Roland.

Parle aux Français et leur dit ce sermon :
« Seigneurs barons, Charle ici nous laissa.
« Pour notre roi, nous devons bien mourir.
« La chrétienté aidez à soutenir.
« Bataille aurez, tous vous en êtes sûrs,
« Car de vos yeux vous voyez les païens.
« Confessez-vous (1), demandez grâce à Dieu.
« Vous absoudrai pour vos âmes guérir.
« Si vous mourez, vous serez saints martyrs ;
« Siéges aurez en haut du paradis. »
Ils mettent pied à terre et se prosternent.
Au nom de Dieu les bénit l'archevêque :
Pour pénitence, il enjoint de frapper.

Et les Français se remettent sur pieds.
Ils sont absous et quittes de leurs fautes.
Au nom de Dieu, Turpin les a bénis.
Ils ont monté leurs destriers rapides.
Ils sont armés comme des chevaliers ;
En appareil de bataille ils sont tous.
Le preux Roland interpelle Olivier :
« Mon compagnon, vous le savez très-bien,
« Que Ganelon nous a mis dans un piége.
« Il a reçu de l'or et des présents.
« Notre empereur nous devrait bien venger !
« Le roi Marsile a fait marché de nous ;
« Mais il sera payé par nos épées. » AOI.

Voici Roland aux défilés d'Espagne,
Sur Vaillantif, son bon cheval rapide (2).

(1) Le texte dit : Clamez vos culpes.
(2) Dans toutes les chansons de geste, le cheval a une per-

Il est armé ; ses armes lui siéent bien.
Le baron va tenant son fort épieu (1),
Contre le ciel le fer en est tourné ;
Un gonfalon tout blanc lacé en haut.
Les franges d'or lui battent jusqu'aux mains.
Noble est son corps, son front clair et riant.
Son compagnon vient après, le suivant,
Et les Français l'appellent leur garant.
Il regardait les païens fièrement,
Et les Français d'un œil modeste et doux.
Il leur a dit ces mots courtoisement :
« Seigneurs barons, allez d'un pas tranquille.
« Ces Sarrasins vont chercher grand martyre.
« Nous en aurons un bel et bon butin :
« Nul roi de France en eut mais un si riche. »
Comme il parlait les troupes se rencontrent. AOI.

Olivier dit : « Pourquoi donc parlerai-je ?
« Vous n'avez pas daigné sonner du cor.
« De l'empereur vous n'avez pas l'appui.
« Ce n'est sa faute : il n'en sait mot, le brave !
« Ceux qui sont loin ne sont pas à blâmer.
« Chevauchez donc de toute votre force,
« Seigneurs barons, tenez-vous ferme au champ.
« Au nom de Dieu, soyez bien décidés
« A recevoir et donner de grands coups,
« N'oublions pas la devise de Charles ! »
Et les Français poussent leur cri de guerre.

sonnalité bien marquée ; il est l'ami du chevalier. Il en est de même dans les épopées anciennes, notamment dans le *Schahnameh*, où Raksch joue un rôle très-animé auprès du héros persan Rustem.

(1) Le texte dit *palmeïant*, son épieu, de *palma*.

Qui les ouït alors crier : « Monjoye ! »
D'un vrai courage aura le souvenir.
Ils partent, Dieu ! avec quelle fierté !
Éperonnant pour aller le plus vite :
Ils vont frapper : qu'ont-ils de mieux à faire ?
Les Sarrasins ne sont pas effrayés.
Franks et païens, voici qu'ils se rencontrent.

XV

CE QU'IL ADVIENT AUX CHEFS PAIENS QUI AVAIENT JURÉ

DE TUER ROLAND

C'EST Aëlroth, le neveu de Marsile,
Qui le premier chevauchait en avant.
Sur nos Français il dit de mauvais mots :
« Félons (1) Français, aurez affaire à nous.
« Vous a trahis, qui devait vous défendre.
« Fol est le roi, qui vous laisse en ces gorges :
« La douce France en perdra son renom,
« Et l'empereur le bras droit de son corps. »
Roland l'entend : Dieu qu'il en eut grand deuil !
Il éperonne et lance son cheval.
Il va frapper Aëlroth tant qu'il peut,

---

(1) Les Sarrasins, comme les chrétiens, font un grand usage du mot *félon*. Il ne faut pas toujours l'entendre dans le sens spécial de traître. Il signifie aussi méchant, pervers, astucieux. On l'a vu plus haut avec ce sens. Mais le mot *félon* a, dans les chansons de geste, un sens technique. Il signifie implicitement traître à Dieu, infidèle par excellence, ou, comme disent les Orientaux, *Ghiaour*.

Lui rompt l'écu, détache le haubert.
Tranche le sein et lui brise les os,
Toute l'échine il sépare du dos ;
Du coup de lance il lui fait rendre l'âme,
Frappant si bien qu'il fait brandir le corps
Et du cheval l'abat à pleine lance.
En deux moitiés il a le cou brisé.
Bien qu'il soit mort Roland lui parle ainsi :
« Outré brigand ! l'empereur n'est pas fou
« Et n'a jamais aimé la trahison.
« Il a bien fait de nous laisser aux gorges.
« N'y perdra pas douce France sa gloire.
« Frappez, Français ! le premier coup est nôtre !
« A nous le droit, et ces gloutons (1) ont tort (2). »
[AOI.

Un duc est là qu'on nomme Falseron :
Il était frère au roi des Sarrasins
Et possédait Batlen et Balbion.
Il n'y a pas félon plus endurci.
Entre les yeux il a le front très-large,
Grand demi-pied l'on peut y mesurer.
Il a grand deuil de voir mort son neveu !
Il sort des rangs, il s'expose en avant.
Poussant le cri de guerre des païens ;
Puis il commence à provoquer les Franks :
« La douce France ici perdra l'honneur ! »

(1) Le mot *glouton* n'a pas le sens spécial de la gourmandise. Il est très-fréquemment employé dans les chansons de geste.

(2) Dans nos poëmes du moyen âge, la préoccupation du droit domine toutes les autres. Nul n'attaque sans affirmer son droit : la croyance universelle est que le droit triomphe, mais avec l'assistance de Dieu.

Mais Olivier l'entend et s'en irrite ;
Des éperons il pique son cheval,
En vrai baron va frapper le païen,
Brise l'écu, fracasse le haubert,
Lui met au corps les pans du gonfalon,
Et des arçons il l'abat mort du coup.
A terre il voit le glouton qui gisait ;
Lors il lui dit avec grande fierté :
« Je n'ai souci, brigand, de vos menaces.
« Frappez, Français, et nous les vaincrons bien. »
Il dit le cri de l'empereur : « Monjoye ! » AOI.

Un autre chef est là, c'est Corsablis,
Il est le roi d'un étrange pays.
Il interpelle ainsi les Sarrasins :
« Nous pouvons bien soutenir ce combat,
« Car les Francais y sont en petit nombre.
« Ceux qui sont là nous devons dédaigner.
« Charles ne peut leur en sauver un seul.
« Voici le jour où leur faudra mourir ! »
Mais l'archevêque avait bien entendu.
Il n'est personne à lui plus haïssable.
Il a piqué des éperons d'or fin,
Va le frapper d'une si grande force,
Qu'il rompt l'écu, déconfit le haubert,
Et dans le corps lui met son grand épieu,
Frappant si bien qu'il fait brandir le corps ;
A pleine lance il l'abat mort à terre.
Il se retourne et voit le glouton gire ;
Ne laisse pas de lui parler ainsi :
« Maudit païen, vous en avez menti !
« Charles, mon sire, est toujours notre appui.

« Et nos Français ne pensent à s'enfuir.
« Vos compagnons n'iront pas plus avant.
« Je vous l'apprends : vous devez tous mourir !
« Frappez, Français, et que nul ne s'oublie !
« Ce premier coup est nôtre, Dieu merci ! »
Pour retenir le champ, il dit : « Montjoye ! »

Angelier joint Malprimis de Brigal ;
Son bon écu ne lui vaut un denier.
Angelier rompt la boucle de cristal,
Dont la moitié lui tombe sur la terre,
Rompt le haubert, pénètre dans la chair
Et dans le corps enfonce son épieu.
Le Sarrasin tombe tout d'une pièce.
L'âme de lui Satan emporte vite (1). AOI.

Gérer atteint l'amiral Balaguet,
Lui rompt l'écu, démaille le haubert,
Et dans le cœur il lui met son épieu,
Frappant si bien qu'il traverse le corps
Et l'abat mort par terre à pleine lance.
Olivier dit : « Notre bataille est belle ! »

Sanche le duc joint l'émir de Moriane,
Brise l'écu couvert de fleurs et d'or,
Le bon haubert, qui ne peut le sauver,
Lui fend le cœur, le foie et le poumon
Et l'abat mort, qu'on pleure ou qu'on en rie.
Turpin lui dit : « C'est un coup de baron ! »

(1) Cette prévision de la destinée des païens et des traîtres se
rencontre dans presque tous nos poëmes.

Puis Anséis laisse aller son cheval.
Il va frapper Turgis de Tourtelouse,
L'écu lui rompt au-dessus de la boucle,
De son haubert brise la double maille,
Lui met au corps le fer du bon épieu,
Frappant si bien que tout le fer traverse.
A pleine lance il le renverse mort.
Et Roland dit : « Voilà le coup d'un brave ! »

Puis Angelier, le Gascon de Bordeaux,
Son cheval pique et lui lâche les rênes.
Il va frapper Escremiz de Valterne,
Lui froisse et rompt l'écu qu'il porte au cou.
Sur la tunique il fausse le haubert,
Le frappe au corps entre les deux mamelles ;
A pleine lance, il l'abat, mort, de selle.
Il dit après : « Vous êtes tous perdus ! » AOI.

Et Gautier frappe un païen, Estorgant,
Sur le rebord de l'écu, par devant,
Dont il enlève et le rouge et le blanc.
De son haubert il sépare les pans,
Lui met au corps son bon épieu tranchant,
Et l'abat mort, de son cheval courant.
Il dit après : « Vous n'aurez de garant. »

Et Béranger ! il frappe Estramariz,
Brise l'écu, déconfit le haubert,
Lui fait entrer au corps son fort épieu
Et l'abat mort entre mille païens.
Des douze pairs païens dix sont occis.

Il n'est resté que deux qui soient vivants :
Le roi Chernuble et le preux Margariz (1).

Margariz est très-vaillant chevalier,
Et bel et fort et rapide et léger !
Il éperonne ; il atteint Olivier,
Brise l'écu sur la boucle d'or pur,
Et lui conduit l'épieu le long des côtes.
Dieu ne permit que le corps fût touché :
La lance froisse et n'abat pas la chair.
Rien ne l'arrête, il dépasse Olivier,
Et, pour rallier les siens, du clairon sonne.

La bataille est merveilleuse et confuse !
Le preux Roland ne s'en effraye pas,
Tant que le bois dure, il va de l'épieu.
A quinze coups, il le rompt et le perd.
Il tire alors Durendal, son épée.
Il éperonne et va frapper Chernuble,
Lui rompt le casque où luit maint escarboucle,
Coupe le cuir avec la chevelure,
Coupe les yeux et toute la figure,
Le blanc haubert dont la maille est menue,
Et tout le corps jusques à l'enfourchure,
Avec la selle en or pur incrustée.
Jusqu'au cheval l'épée est arrivée ;

(1) Les autres ont été tués dans l'ordre où ils s'étaient offerts
à Marsile. Chernuble va bientôt succomber ; mais on ne voit pas
la mort de Margariz, et cependant il ne reparaît plus. Dans la
suite de ce premier combat, Turgis et Falseron sont tués une
seconde fois. On peut supposer que quelque remanieur ou
copiste aura supprimé ou altéré une strophe relative à Margariz.
Peut-être aussi l'a-t-on confondu avec *Marganice*. Voir plus
bas.

Il fend l'échine en ouvrant la jointure.
Et abat morts tous deux sur l'herbe drue.
Il dit après : « Brigand, malheur à toi !
« Tu n'auras pas l'aide de Mahomet.
« Ce glouton-là n'aura pas la victoire ! »

XVI

COMMENT LES FRANÇAIS REPOUSSENT L'AVANT-GARDE
DES SARRASINS

Roland s'en va par le champ de bataille,
Tient Durendal, qui bien tranche et bien
                                        [taille
Les Sarrasins et leur fait grand dommage.
Vous l'eussiez vu jeter l'un mort sur l'autre,
Et le sang clair répandu sur la place.
Tout son haubert, ses bras en sont sanglants,
Et du cheval le cou jusqu'aux épaules.
Olivier n'est en retard de frapper.
Les douze pairs ne sont pas à blâmer,
Et les Français y frappent et massacrent.
Les Sarrasins ou meurent ou se pâment.
« Nos chevaliers font bien, » dit l'archevêque.
« Monjoye ! » dit-il. C'est la devise à Charles !
                                        [AOI.

Dans la mêlée Olivier a brisé
Son bois de lance, il n'en a qu'un tronçon ;
Il en frappa le païen Falseron,

Rompit l'écu couvert de fleurs et d'or,
Hors de la tête il lui mit les deux yeux,
Et la cervelle est tombée à ses pieds.
Il le renverse avec sept cents des siens.
Puis il occit Estragus et Turgis;
Mais le tronçon se brise à la poignée.
Roland lui dit : « Ami, que faites-vous?
« En tel combat à quoi sert un bâton?
« N'y ont valeur que le fer et l'acier.
« Où votre épée est-elle, Hauteclaire (1),
« Dont la poignée est d'or et de cristal? »
— « Je n'eus le temps de la tirer, dit-il,
« Car de frapper j'ai si grande besogne! AOI.

Sire Olivier tire sa bonne épée,
Comme Roland l'avait tant demandé;
En chevalier, il la montre bientôt.
Il va frapper Justin de Valferré;
Par le milieu lui fend toute la tête,
Tranche le corps et la cuirasse à franges,
Avec la selle incrustée en or pur.
Du destrier il partage l'échine :
Il abat tout mort devant lui sur l'herbe.
Roland lui dit : « Je vous nomme mon frère (2)!
« Pour de tels coups notre empereur nous aime! »
De toutes parts on s'écria : « Monjoye! » AOI.

Le preux Gérin est monté sur Sorel,
Et son ami Gérer sur Passe-Cerf;

(1) Hauteclaire est l'épée d'Olivier.
(2) Roland, depuis cette adoption, donne souvent le nom de frère à Olivier.

Ils ont lâché la rêne, ils éperonnent
Et vont frapper le païen Timozel,
L'un sur l'écu, l'autre sur le haubert,
Les deux épieux lui brisent dans le corps ;
Sur un sillon ils le renversent mort.
Je n'ouïs dire et je ne sus jamais
Lequel des deux y fut le plus agile.
Esprévariz, fils d'Abel, était là ;
C'est Angelier de Bordeaux qui le tue.
Turpin après leur occit Siglorel ;
Cet enchanteur a déjà vu l'enfer,
Où l'a conduit Jupiter, par magie (1).
« Nous en voilà délivrés ! » dit Turpin.
Roland répond : « Le brigand est vaincu !
« Frère Olivier, que de tels coups me plaisent ! »

Et la bataille est devenue horrible !
Franks et païens merveilleux coups y rendent.
Frappent les uns, les autres se défendent.
Et mainte lance est brisée et sanglante,
Maint gonfalon rompu, mainte devise.
Tant de Français y perdent leur jeunesse,
Ne reverront leurs mères, ni leurs femmes,
Ni ceux de France attendant aux passages. AOI.

Charles le Magne en pleure et se tourmente.
Mais à quoi bon ? Il ne peut les aider !
Mauvais service a rendu Ganelon
Lorsqu'il vendit les siens à Saragosse;
Il y perdit ses membres et sa vie,

(1) Le moyen âge considérait les dieux du paganisme comme ayant une existence réelle en qualité de démons ou de magiciens.

Quand la cour d'Aix à mort le condamna,
Puis avec lui trente de ses parents,
On ne leur fit pas grâce de la mort. AOI.

La bataille est merveilleuse et pesante.
Y frappent bien Olivier et Roland,
Notre archevêque y rend bien mille coups.
Les douze pairs ne sont pas en retard.
Tous les Français frappent dans la mêlée.
Meurent païens et par mille et par cents.
Qui ne s'enfuit, n'évitera la mort.
Qu'il veuille ou non, il y laisse ses jours.
Mais les Français y perdent leurs meilleurs,
Qui ne verront leurs pères ni leurs proches,
Ni l'empereur qui les attend aux gorges.
On sent en France une tourmente étrange.
On y entend le tonnerre et le vent.
Il pleut, il grêle, et démesurément,
La foudre tombe et souvent et menu.
On sent trembler la terre en vérité
De Saint-Michel du Péril jusqu'à Sens,
De Besançon jusqu'au port de Wissant (1).
Pas de maison dont les murs ne se crèvent.
A midi même y a grandes ténèbres.
Pas de clarté si le ciel ne se fend,
Nul ne le voit qui fort ne s'épouvante.
Plusieurs disaient que tout est terminé,
Que c'est la fin de ce siècle à présent.
On ne sait rien et l'on ne dit pas vrai :
C'est le grand deuil pour la mort de Roland !

(1) Le port de Wissant entre Boulogne et Calais est souvent
mentionné dans les poëmes du moyen âge.

XVII

LA GRANDE ARMÉE DES SARRASINS ATTAQUE
A SON TOUR NOTRE ARRIÈRE-GARDE

Et les Français ont frappé de bon cœur.
Païens sont morts en foule et par milliers.
De cent milliers il ne s'en sauve deux.
Roland a dit : « Nos hommes sont très-braves !
« Et sous le ciel nul n'en a de meilleurs.
« Il est écrit dans la geste française
« Que Charlemagne a de bons combattants ! »
Les Français vont par le champ de bataille,
Chacun recherche avec amour les siens,
Et tendrement pleure sur ses parents.
Surgit Marsile avec sa grande armée ! AOI.

Marsile vient le long d'une vallée;
Avec le gros des païens réunis,
Qu'il a rangés pour former vingt colonnes.
On voit briller les casques gemmés d'or,
Les bons écus, les cuirasses frangées.
Sept mille cors y ont sonné la charge ;
Grand est le bruit par toute la contrée.
« Frère Olivier, mon ami, dit Roland,
« Le félon Gane a juré notre mort ;
« La trahison ne peut être celée.
« Grande vengeance en prendra l'empereur.

« Bataille forte et rude nous aurons.
« Homme ne vit une telle rencontre.
« J'y frapperai, moi, de ma Durendal,
« Et vous, ami, frappez de Hauteclaire.
« En tant de lieux nous les avons portées,
« Et nous avons gagné tant de combats !
« On ne pourra faire chansons contre elles ! » AOI.

Marsile voit le martyre des siens.
Il fait sonner ses cors et ses trompettes.
Puis il chevauche avec sa grande armée (1).
Devant chevauche un Sarrasin, Abisme.
Il n'y a pas plus félon dans leur troupe.
Il est souillé de vices et de crimes.
Il ne croit pas en Dieu, fils de Marie.
Il est tout noir comme la poix fondue.
Il aime mieux trahison et carnage
Que tout l'argent et tout l'or de Galice.
On ne le vit jamais jouer ni rire ;
Mais il est brave et d'une grande audace,
Et pour cela cher au païen Marsile,
Tient le dragon où sa gent se rallie.
Jamais Turpin n'aimera ce païen.
Dès qu'il le vit, il voulut le frapper.
Tranquillement il se dit en lui-même :
« Ce Sarrasin paraît fort hérétique !
« Plutôt la mort que de ne pas l'occir :
« Je n'aime pas couards ni couardise. » AOI.

(1) Le texte dit : Sa grant ost *banie* ; c'est-à-dire, convoquée
par le ban. De même, Roland a dit à Charlemagne :

En Sarraguce menez vostre ost banie.

Notre archevêque engage la bataille
Sur le cheval qu'il prit au roi Grossaille,
En Danemark, après l'avoir occis.
Le destrier est léger et rapide,
A les pieds fins avec les jambes plates,
La cuisse courte et la croupe bien large,
Les côtés longs et l'échine bien haute,
Blanche la queue et la crinière jaune,
Petite oreille avec la tête fauve.
Aucun cheval qui lui soit comparable !
Turpin de Reims hardiment éperonne.
Ne manque pas de courir sur Abisme,
Va le frapper sur son écu d'émir,
Recouvert d'or, améthystes, topazes,
De diamants, d'escarboucles ardentes ;
L'émir Galaf lui transmit cet écu,
Qu'au Val-Métas un diable lui donna.
Sans épargner, Turpin frappe l'écu ;
Après ce coup, il ne vaut un denier.
D'un flanc à l'autre il perce le païen
Et l'abat mort sur une place vide.
Et les Français disent : « Quel grand courage !
« Avec Turpin la croix est bien gardée ! »

Les Franks voyaient les païens si nombreux !
De toutes parts les champs en sont couverts.
Chacun réclame Olivier et Roland,
Les douze pairs, pour être leurs garants.
Alors Turpin leur dit tout ce qu'il pense :
« Seigneurs barons, n'allez pas défaillir !
« Au nom de Dieu, que vous ne fuyiez pas !
« Qu'on n'aille pas chansonner contre nous !
« Il nous vaut mieux mourir en combattant !

« C'est notre sort : nous finirons ici :
« Après ce jour, ne serons plus vivants.
« Mais je vous suis bien garant d'une chose,
« C'est que le saint paradis vous attend :
« Vous siégerez parmi les bienheureux ! »
Et sur ces mots, les Français s'enhardissent.
Il n'est aucun qui n'ait crié : Monjoye ! » AOI.

XVIII

EXPLOITS MERVEILLEUX D'OLIVIE, DE TURPIN
ET DE ROLAND

IL y avait un chef de Saragosse :
Une moitié de la ville est à lui :
C'est Climorin, qui n'était pas prud'homme ;
Il a reçu la foi du comte Gane,
Par amitié le baisa sur la bouche
Et lui donna l'épée et l'escarboucle.
Il dit qu'il veut honnir Terre-major,
Qu'à Charlemagne il prendra la couronne.
Son bon cheval, qu'on nomme Barbamouche,
Est plus léger qu'épervier, qu'hirondelle.
Il l'éperonne et lui lâche les rênes.
Il va frapper Angelier de Gascogne,
Que n'ont sauvé l'écu ni la cuirasse,
De son épieu lui met la pointe au corps,
L'atteint si bien que tout le fer passe outre :
A pleine lance, il l'abat mort à terre.
Après s'écrie : « Ils sont bons à confondre !
« Frappez, païens, pour rompre cette presse. »

Les Franks disaient : « Dieu ! quel deuil de brave
[homme ! »

Le pieux Roland interpelle Olivier :
« Mon compagnon, voilà mort Angelier !
« Nous n'avions pas plus vaillant chevalier.
— « Dieu me le donne à venger, » répondit-il.
Il a piqué des éperons d'or pur ;
De Hauteclaire est l'acier tout sanglant.
Avec vigueur il frappe Climorin,
Brandit son coup et le Sarrasin tombe ;
Les démons vite ont emporté son âme.
Puis Olivier occit le duc Alphen.
D'Escabadiz il a tranché la tête,
Désarçonné sept cavaliers arabes,
Qui plus jamais ne pourront guerroyer.
« Mon campagnon, dit Roland, est fâché,
« Et près de moi va se faire louer.
« Pour de tels coups Charles nous aime plus. »
Il crie alors : « Frappez-les, chevaliers ! » AOI.

Ailleurs était le païen Valdabrun.
Il éleva le roi Marsilion.
Il est le chef de quatre cents vaisseaux ;
Tous les marins ne réclament que lui.
Par trahison il prit Jérusalem ;
Il viola le temple Salomon (1).
Devant les fonds occit le patriarche.
Il a reçu la foi du comte Gane,

(1) Le trouvère veut parler sans doute de l'église du Saint-
Sépulcre et des autres lieux saints de la Palestine. La préoccupation de la croisade se trouve dans presque toutes nos chansons de geste.

Et lui donna l'épée à riche garde.
Son bon cheval, qu'il nomme Gramimon,
Est plus léger que ne l'est un faucon :
Il l'a piqué des éperons aigus ;
Il va frapper Sanche, le riche duc,
Lui rompt l'écu, lui brise le haubert,
Lui met au corps les pans du gonfalon ;
A pleine lance il l'abat des arçons.
« Frappez, dit-il, païens, nous les vaincrons! »
Les Franks disaient : « Dieu ! quel deuil de
[baron! » AOI.

Le preux Roland, quand il vit Sanche mort,
On peut savoir quel grand deuil il en eut.
Il éperonne, il court à toute force,
Tient Durendal, qui vaut plus que l'or fin,
Et va frapper Valdabrun tant qu'il peut
Sur son bon casque orné de pierreries,
Tranche la tête et l'armure et le corps,
Avec la selle incrustée en or pur,
Profondément entre au dos du cheval :
Tous deux sont morts, qu'on le blâme ou le loue.
Païens disaient: « Ce coup nous est trop dur! »
Roland répond : « Ne puis aimer les vôtres ;
« Par-devers vous est l'orgueil et le tort! » AOI.

Un Africain est là, venu d'Afrique,
C'est Malcuidant, le fils du roi Malcud.
Son armement est tout en or battu ;
Plus que tout autre au soleil il reluit
Sur son cheval qu'il nomme Saut-Perdu :
Aucune bête aussi vite ne court.
Il va frapper Anéis sur l'écu.

Dont le vermeil et l'azur sont brisés ;
De son haubert il fracasse les pans,
Lui met au corps et le fer et le bois.
Le comte est mort et son temps est fini.
Les Franks disaient : « Quel dommage, baron ! »

Turpin allait par le champ de bataille ;
Tel tonsuré jamais ne chanta messe,
Qui de son corps ait fait tant de prouesses.
« Dieu te le rende, a-t-il dit au païen ;
« Tu m'as occis un que mon cœur regrette. »
Sur Malcuidant il pousse son cheval,
Frappe si fort sur l'écu de Tolède,
Qu'il l'abat mort du coup sur l'herbe verte.

D'une autre part est le païen Grandogne,
Fils de Capel, le roi de Cappadoce.
Son bon cheval, qu'il nomme Marinore,
Est plus léger que n'est oiseau qui vole.
Il éperonne, il a lâché la rêne,
Il va frapper Gérin à grande force.
Lui rompt l'écu vermeil, du coup l'enlève ;
Il lui déclôt en entier sa cuirasse,
Lui met au corps tout son gonfalon bleu
Et l'abat mort près d'une haute roche.
Il tue encor son compagnon Gérer,
Et Béranger et Guy de Saint-Antoine.
Il va frapper un riche duc, Austore,
Seigneur d'Envers sur Rhône et de Valence ;
Il l'abat mort. Païens s'en réjouissent.
Les Franks disaient : « Comme les nôtres
[tombent ! »

Le preux Roland tient son épée en sang.
Il entend bien que les Français se troublent,
A si grand deuil, il est près d'éclater.
« Dieu te confonde, a-t-il dit au païen;
« Tu m'as occis qui je te vendrai cher! »
Il éperonne et son cheval s'élance :
Lequel payera? car ils sont en présence.

Grandogne était et prud'homme et vaillant,
Et vigoureux et brave combattant.
Sur son chemin il rencontra Roland.
Dès qu'il le vit, il le reconnut bien
Au fier visage, au corps qu'il avait noble,
A son regard comme à sa contenance.
Il ne peut pas s'empêcher d'avoir peur.
Il voulait fuir, mais il ne le put pas.
Roland le frappe avec tant de vigueur!
Jusqu'au nasel (1) il lui fend tout le casque,
Tranche le nez, et la bouche, et les dents,
Le corps entier et la cotte de mailles,
Les bords d'argent de la selle dorée,
Et du cheval le dos profondément.
Homme et cheval sont occis sans remède.
Les Sarrasins tout dolents gémissaient;
Les Franks disaient : « Notre garant bien frappe! »

(1) Le nasel est la partie du casque destinée à protéger le
nez.

XIX

COMMENT APRÈS LE CINQUIÈME CHOC IL NE RESTE PLUS
QUE SOIXANTE FRANÇAIS

ET la bataille est grande et merveilleuse !
Les Franks frappaient de leurs épieux brunis.
Vous eussiez vu grande douleur des gens !
Tant d'hommes morts ou blessés et sanglants !
L'un gît sur l'autre ou de face ou de dos.
Les Sarrasins n'y peuvent plus tenir.
Bon gré mal gré, ces païens déguerpissent :
Les Franks les ont chassés de vive force. AOI.

La bataille est merveilleuse et hâtive !
Les Franks frappaient avec force et colère.
Tranchaient les poings, les côtes, les échines,
Les vêtements jusques à la chair vive,
Et le sang clair coulait sur l'herbe verte.
Terre-major, Mahomet te maudit :
Plus que toute autre est ta race hardie !
Il n'est païen qui n'ait crié : « Marsile !
« Chevauche, roi, nous avons besoin d'aide ! »

Le preux Roland interpelle Olivier :
« Mon compagnon, n'est-ce pas votre avis,
« Que l'archevêque est bien bon chevalier ?
« Meilleur n'y a sur terre et sous le ciel !
« Il sait frapper et de lance et d'épée ! »
Olivier dit : « Allons donc pour l'aider ! »

Et les Français, à ces mots, recommencent.
Durs sont les coups, cruel est le combat.
Bien grande perte il y a des chrétiens.
Celui qui vit Olivier et Roland
Frapper, tailler de leurs bonnes épées,
De bons guerriers pourra se souvenir!
Notre archevêque avec son épieu frappe.
Des païens morts on connaît bien le nombre,
Car c'est écrit dans les chartes et brefs.
La geste (1) dit plus de quatre milliers.
A quatre chocs les Franks ont résisté;
Mais le cinquième est cruel et funeste!
Tous sont occis, ces chevaliers français,
Soixante hormis; Dieu les a épargnés!
Ils se vendront bien cher avant qu'ils meurent.

XX

ROLAND SONNE DU COR ET COMMENT SES TEMPES
SE FENDENT

ROLAND des siens a vu la grande perte. AOI.
Il interpelle Olivier son ami.
« Beau cher ami, par Dieu qui vous protége,
« Voyez gésir à terre tant de braves!
« Plaindre, pouvons douce France, la belle,
« De tels barons qu'elle reste déserte!
« Roi notre ami, que n'êtes-vous ici?
« Frère Olivier comment pourrons-nous faire?

(1) C'est-à-dire l'histoire.

« Comment à Charle envoyer des nouvelles?
Olivier dit : « Je ne sais nul moyen.
« Mieux vaut mourir que d'encourir la honte. »

[AOI.

Roland lui dit : « Je sonnerai du cor :
« Charle entendra, qui passe aux défilés.
« Je garantis que les Franks reviendront. »
Olivier dit : « Ce serait grande honte;
« Pour vos parents ce serait un affront
« Qui durerait pendant toute leur vie.
« Quand j'en parlai, vous ne le fîtes pas.
« Ne m'est avis qu'à présent le fassiez :
« Vous ne pourrez corner avec vigueur,
« Vous avez jà les bras ensanglantés. »
Roland répond : « J'ai frappé de beaux coups! »

Il dit encor : « Notre bataille est dure!
« Je cornerai : le roi Charle entendra! »
Olivier dit : « Ce ne serait pas brave!
« Quand je l'ai dit, vous l'avez dédaigné.
« Que Charle y fût, vous n'eussions rien souffert.
« Ceux qui sont loin ne sont pas à blâmer. »
Olivier dit encor : « Par cette barbe,
« Si je revois Aude, ma noble sœur,
« Vous ne serez jamais entre ses bras. » AOI.

Roland répond : « Pourquoi cette colère? »
Olivier dit : « Ami, c'est votre faute.
« Car le courage est sens et non folie.
« Mesure vaut mieux que témérité.
« Les Franks sont morts, c'est par votre impru-
[dence!

..

« Charles de nous n'aura plus de service.

« Vous m'eussiez cru, le roi fût retourné,

« Et nous eussions gagné cette bataille.

« Le roi Marsile eût été pris ou mort.

« Nous a perdus votre témérité.

« Charles le Grand de nous n'aura plus d'aide,

« Un homme tel, on n'en reverra plus.

« Vous y mourrez : France en sera honnie.

« Ici nous faut la loyale amitié :

« Avant ce soir, cruelle départie ! » AOI.

Turpin entend que les preux se querellent.

Il a piqué des éperons d'or pur,

Vient auprès d'eux, se prend à les gronder :

« Sire Roland, et vous, sire Olivier,

« Au nom de Dieu, ne vous querellez pas !

« Sonner du cor ne peut plus nous servir.

« Et cependant cela vaut encor mieux.

« Que le roi vienne, il pourra nous venger.

« Il ne faut pas que les païens triomphent.

« Nos Franks ici descendront de cheval,

« Nous trouveront morts et taillés en pièces,

« Sur des sommiers nous prendront dans des
[bières,

« Nous pleureront de deuil et de pitié,

« Nous enfouiront auprès des monastères.

« Loups, porcs ni chiens nous mangeront pas. »

Roland répond : « Sire, c'est très bien dit. » AOI.

Roland a mis le cor devant sa bouche,

L'ajuste bien et sonne à grande force.

Hauts sont les monts et le son va très-loin :

On l'entendait répondre à trente lieues.
Charle l'entend, toute sa troupe aussi.
L'empereur dit : « Nos hommes ont bataille. »
Et Ganelon lui répond au contraire :
« D'autre que vous ça paraîtrait mensonge. »
Avec douleur, avec si grand effort,
Le preux Roland a sonné de son cor
Que le sang clair lui jaillit par la bouche :
De son cerveau les tempes sont rompues.
Le bruit qu'il fait de son cor est très-grand.
Charles, qui passe aux défilés, l'entend ;
Nayme l'entend : tous les Français l'écoutent.
« J'entends le cor de Roland, dit le roi ;
« Il ne corna jamais qu'en combattant. » AOI.
Gane répond : « Il n'y a pas bataille ;
« Vous êtes vieux, et blanc et tout fleuri ;
« Par tels discours vous semblez un enfant.
« Vous connaissez tout l'orgueil de Roland.
« C'est merveilleux que Dieu le souffre tant !
« Il assiégea Noples et sans votre agrément.
« Les Sarrasins sortirent de dedans ;
« Six de leurs chefs attaquèrent Roland :
« Il les occit et fit laver le champ
« Pour que leur sang ne fût plus apparent (1).
« Pour un seul lièvre il corne un jour durant !
« Avec ses pairs il sonne en plaisantant.
« Qui, sous le ciel, l'attaquerait au champ ?
« Chevauchez donc, pourquoi s'arrêter tant ?
« Terre-major est encor loin devant. » AOI.

(1) Le fait qui est rappelé ici par Gane et auquel il a déjà été fait allusion, est expliqué dans l'ouvrage intitulé : *Histoire poétique de Charlemagne*, par Gaston Pâris. 1 vol. in-8. Paris, 1865, page 263.

XXI

CHARLEMAGNE RETOURNE SUR SES PAS
AVEC LA GRANDE ARMÉE

Le preux Roland a la bouche sanglante,
   De son cerveau les tempes sont rompues.
Il corne encore avec peine et douleur.
Charles l'entend et les Français l'entendent.
Le roi leur dit : « Ce cor a longue haleine. »
Nayme répond : » Roland est en détresse.
« Bataille y a ! Celui-ci qui voulait
« Vous le cacher, il l'a trahi, c'est sûr !
« Adoubez-vous ! criez votre devise !
« Et secourez votre noble famille.
« Bien l'entendez : Roland se désespère. »

Notre empereur a fait sonner ses cors.
Français ont mis pied à terre ; ils s'adoubent
De bons hauberts, de casques et d'épées.
De beaux écus et d'épieux grands et forts.
Les gonfalons sont blancs, vermeils et bleus.
Tous les barons montent leurs destriers,
Eperonnant tant que les gorges durent.
Il n'en est pas qui à l'autre ne dise :
« Si nous voyions Roland avant qu'il meure,
« Comme, avec lui, donnerions de grands coups ! »
Mais c'est en vain, ils avaient trop tardé !

L'ombre de nuit s'éclaircit ; le jour vient.

Sous le soleil reluisent les armes;
Casques, hauberts jettent grande lueur,
Et les écus qui sont bien peints en fleurs,
Et les épieux et les drapeaux dorés.
Notre empereur chevauche avec colère,
Et les Français dolents et courroucés.
Il n'en est pas qui durement ne pleure,
Et pour Roland n'ait une grande peur.
L'empereur fait prendre le comte Gane ;
Il le confie aux gens de sa cuisine.
Puis interpelle ainsi Bégon, leur chef :
« Bien me le garde ainsi, comme un félon,
« Qui a trahi ma noble parenté. »
Bégon le prend, lui donne pour gardiens
Cent cuisiniers, des meilleurs et des pires.
Ils épilaient sa barbe et ses moustaches ;
Chacun du poing le frappait quatre coups.
Ils l'ont battu de bâtons et de verges,
Puis ils ont mis une chaîne à son cou,
Et comme un ours ils vous l'ont enchaîné.
Par déshonneur l'ont mis sur un sommier.
Ils le tiendront tant qu'à Charles ils le rendent.

[AOI.

Les monts sont hauts et ténébreux et grands,
Les vaux profonds, rapides les torrents :
Clairons sonnaient et derrière et devant;
Ils répondaient tous au cor de Roland.
Le roi chevauche avec emportement,
Et les Français courroucés et dolents
Tous de leurs yeux pleuraient amèrement,
Et priaient Dieu de garantir Roland
Jusqu'ils viendront ensemble sur le champ.

Comme, avec lui, frapperaient-ils gaîment !
Mais à quoi bon ? C'est inutilement.
Trop ont tardé ! ne peuvent être à temps ! AOI.

Le roi chevauche avec grande colère,
Sur sa cuirasse était sa blanche barbe (1).
Tous les barons de France éperonnaient.
Il n'en est pas qui ne montre colère
De ne pas être avec le preux Roland
Qui se combat aux Sarrasins d'Espagne.
S'il est blessé, nul ne s'échappera.
Dieu ! les soixante en sa troupe restés,
Jamais meilleurs n'eut roi ni capitaine ! AOI.

XXII

COMMENT LA BATAILLE CONTINUE A RONCEVAUX

ROLAND regarde et les monts et les landes :
De ceux de France il voit tant de morts gir !
Et il les pleure en noble chevalier :
« Seigneurs barons, Dieu de vous ait pitié,
« Le paradis qu'il octroie à vos âmes,
« En saintes fleurs qu'il les fasse placer (2) !
« Meilleurs guerriers, jamais on n'en a vu !
« Un si long temps vous m'avez tous servi !
« Vous avez pris tant de pays pour Charles !

(1) On interprète cette mise de la barbe en dehors comme un signe de bravade ou de défi.

(2) Nos anciens poètes parlent toujours des fleurs du paradis. *Saintes Fleurs* signifient le paradis.

« Pour quel malheur il vous avait nourris!
« Terre de France, êtes si doux pays,
« Par ce désastre aujourd'hui dépeuplée!
« Barons français, vous mourez par ma faute.
« Je ne vous puis défendre ni sauver.
« Que Dieu vous aide! il ne mentit jamais.
« Frère Olivier, je ne vous dois faillir.
« Je meurs de deuil, si quelqu'un ne m'occit,
« Mon compagnon, retournons pour frapper. »

Roland revient sur le champ de bataille,
Tient Durendal, en frappe comme un brave!
Il a tranché Faldrin du Pui en deux
Et vingt paiens des plus prisés de tous.
Homme jamais ne prit telle revanche :
Comme le cerf s'en va devant les chiens,
Devant Roland les païens s'enfuyaient.
Turpin lui dit : « Comme vous faites bien !
« Un chevalier doit avoir ce courage!
« Qui porte lance et monte un bon cheval,
« Dans le combat doit être fort et fier ;
« Car autrement il ne vaut deux deniers.
« Moine il doit être en quelque monastère
« Et tout le jour prier pour nos péchés! »
Roland répond : « Frappez, n'épargnez pas! »
Puis, à ces mots, les Français recommencent.
Bien grande perte il y eut des chrétiens!

Qui sait que nul ne sera prisonnier,
En tel combat il fait grande défense.
Aussi les Franks sont fiers comme lions.
Voici le roi Marsile, en vrai baron,

Sur son cheval qu'il appelle Gaignon.
Il éperonne et va frapper Beuvon
(C'est le seigneur de Beaune et de Dijon),
Lui rompt l'écu, lui brise le haubert,
Et il l'abat mort sans autre façon.
Puis il occit Ivoire avec Ivon,
Ensemble avec Gérard de Rossillon.
Le preux Roland, qui n'est pas loin de là,
Dit au paien : « Puisse Dieu te confondre !
« Tu m'avais tort en tuant mes amis :
« Tu le payeras avant de me quitter,
« Et tu sauras le nom de mon épée. »
En vrai baron il va frapper Marsile.
Il tranche au roi le poing de la main droite;
Puis prend la tête à Jurfaleu le Blond
(C'était le fils du roi des Sarrasins).
Paiens criaient : « Aide-nous, Mahomet !
« Vous tous, nos dieux, vengez-nous donc de
[Charles!
« En cette terre il nous mit tels félons
« Qui pour mourir ne fuiront pas le champ. »
L'un dit à l'autre : « Or donc, enfuyons-nous ! »
Et sur ce mot, cent mille hommes s'en vont.
Qui les rappelle, ils ne reviendront pas ! AOI.

Mais à quoi bon? Si Marsile est en fuite,
Est resté là son oncle Marganice (1),
Qui tient Carthage, Alferne et Garmalie
Et l'Éthiopie, une terre maudite.
La noire gent, dont il est le seigneur,

(1) Ou le calife : ne pas confondre avec Margariz. Voir
page 207.

A le nez grand et les oreilles larges.
Ensemble ils sont plus de cinquante mille.
Ils chevauchaient fièrement, en colère,
Et ont jeté le cri d'arme païen.
« Nous recevrons, dit Roland, le martyre,
« Je le sais bien, nous n'avons guère à vivre ;
« Maudit celui qui ne se vendra cher !
« Frappez, seigneurs, de vos armes fourbies.
« Disputez bien et vos morts et vos vies.
« Ne faisons pas honnir la douce France.
« Quand sur ce champ viendra Charles, mon sire,
« Et qu'il verra l'état des Sarrasins,
« Quinze des leurs morts contre un seul des nôtres,
« Notre empereur, certes, nous bénira ! » AOI.

Quand Roland voit cette race maudite
Des Éthiopiens, qui sont plus noirs que l'encre,
Et n'ont de blanc ailleurs que sur les dents,
Le comte dit : « Or, je le sais vraiment,
« Que nous mourrons aujourd'hui, c'est certain.
« Frappez, Français, je vous le recommande. »
Olivier dit : « Maudits soient les plus lents ! »
Et sur ces mots, les Franks ont attaqué.

XXIII

COMMENT OLIVIER EST BLESSÉ A MORT

Quand les païens voient si peu de Français,
Ils ont entre eux orgueil et réconfort.
Ils se disaient : « Charlemagne avait tort ! »
Là, Marganice est sur un cheval bai ;

Il pique bien de ses éperons d'or,
Frappe Olivier dans le dos par derrière,
Le blanc haubert lui détache du corps,
Et fait sortir l'épieu par la poitrine.
« Vous recevez un bon coup, lui dit-il,
« Charles à tort vous laissa dans les gorges !
« Il nous a nui, mais ne peut s'en vanter,
« Car sur vous seul j'ai bien vengé les nôtres,
Olivier sent qu'à mort il est frappé,
Tient Hauteclaire au bon acier bruni,
Et va frapper le païen sur son casque,
Dont les fleurons et les pierres jaillissent.
Il lui trancha la tête jusqu'aux dents,
Brandit son coup dont il l'abattit mort.
Il dit après : « Païen, sois-tu maudit !
« Je ne dis pas que Charles n'ait perdu ;
« Mais à ta femme ou bien à d'autres dames.
« Dans ton pays, tu ne te vanteras
« De m'avoir pris la valeur d'un denier,
« D'avoir fait tort soit à moi soit à d'autres ! »

Puis il appelle à son secours Roland. AOI.
Olivier sent qu'à mort il est blessé :
De se venger il n'aura le loisir.
Dans la mêlée, il frappe comme un brave.
Il leur tranchait les lances, les écus,
Les pieds, les poings, les épaules, les côtes.
Qui l'aurait vu démembrer les païens,
L'un mort sur l'autre à terre les jeter,
D'un bon guerrier pourrait se souvenir !
Le cri de Charle il ne veut oublier :
« Monjoye ! il dit d'une voix haute et claire.

« Roland, mon pair et mon ami, venez,
« Approchez-vous de moi, car aujourd'hui
« Avec douleur nous serons séparés. » AOI.

Roland regarde Olivier au visage :
Le teint est bleu, pâle et décoloré :
Le sang tout clair coule le long du corps.
Et sur la terre en tombent les filets.
« Dieu ! dit Roland, je ne sais plus que faire.
« Votre courage, ami, vous est funeste.
« Nul ne sera qui vaille autant que toi (1) !
« Eh ! France douce, aujourd'hui restes vide
« De bons guerriers, confondue et déchue (2) !
« Notre empereur en aura grand dommage ! »
Sur son cheval, à ces mots, il se pâme ! AOI.

Voici Roland pâmé sur son cheval,
Et Olivier qui est blessé à mort.
Il a saigné tant que ses yeux sont troubles ;
Il ne peut voir ni de près ni de loin,
Pour reconnaître aucun homme mortel.
Il rencontra Roland, son compagnon,
Frappa si fort sur son casque doré
Qu'il le fendit d'en haut jusqu'au nasel ;
Mais dans la tête il ne pénétra pas.

(1) Dans cette strophe et dans d'autres passages que j'ai laissés intacts, le trouvère, comme certains auteurs latins du moyen âge, emploie dans une même phrase le singulier et le pluriel du pronom de la deuxième personne.

(2) Voici ces beaux vers, dont j'ai rendu le mouvement d'une manière bien imparfaite :

E, France dulce, cun hoi remendras guaste
De bons vassals, cunfundue et chaéite !

Sur un tel coup, Roland l'a regardé ;
Il lui demande avec calme et douceur :
« Mon compagnon, le fîtes-vous de gré ?
« Je suis Roland, celui qui tant vous aime.
« Vous ne m'aviez défié nullement (1). »
Olivier dit : « Je vous entends parler,
« Mais ne vous vois ; que Dieu veille sur vous !
« Je vous frappai, mais pardonnez-le-moi. »
Roland répond : « Je n'ai pas eu de mal :
« Je vous pardonne ici et devant Dieu. »
Les deux amis l'un sur l'autre se penchent.
Sur cet adieu, les voilà séparés.

Olivier sent l'angoisse de la mort,
Et ses deux yeux lui tournent dans la tête.
Il perd la vue et l'ouïe en entier,
Descend à pied, sur la terre se couche,
A haute voix fait sa confession
Et vers le ciel avec les deux mains jointes,
Demande à Dieu lui donner paradis
Et de bénir Charle et la France douce,
Et son ami Roland par-dessus tous.
Le cœur lui faut et sa tête s'affaisse ;
Le corps s'étend de son long sur la terre.
Le comte est mort ! c'en est fait d'Olivier.
Le preux Roland le pleure et se désole.
Jamais sur terre homme plus désolé !

Quand Roland voit que mort est son ami,
Et gît couché la face contre terre,

(1) On ne pouvait s'attaquer ni chercher à se nuire avant
d'avoir, par un défi, prévenu son adversaire de se tenir sur ses
gardes. Gane a eu soin de défier Roland et les douze pairs
(page 158), et il le rappellera au début du procès.

A le pleurer il se prend doucement :
« Mon compagnon, vous étiez trop hardi.
« Des jours, des ans ensemble avons été.
« Mal ne me fis, ni je ne t'offensai,
« Et quand tu meurs, ce m'est douleur de vivre ! »
Puis, à ces mots, Roland tombe pâmé
Sur son cheval qu'on nomme Vaillantif ;
Mais retenu par ses éperons d'or,
Par où qu'il penche il ne peut pas tomber.

XXIV

COMMENT IL NE RESTE PLUS QUE TROIS FRANÇAIS
VIVANTS

Dès qu'il a pu recouvrer connaissance
Et revenir de cette pâmoison,
Bien grande perte apparut à Roland.
Français sont morts, il les a tous perdus,
Fors l'archevêque et fors Gautier de Lum.
Gautier revient de là-haut, des montagnes,
Où ceux d'Espagne il a bien combattus ;
Ses gens sont morts : les païens ont vaincu.
Qu'il veuille ou non, par les vallons il fuit :
Il appelait Roland à son secours.
« Eh ! noble preux, brave homme, où donc es-tu ?
« Quand tu fus là, je n'eus jamais de peur.
« Je suis Gautier, qui conquis Maëlgut ;
« Je suis neveu de Droon le Chenu,
« Et ton ami rapport à mon courage.
« Est démaillé mon haubert et rompu,

« L'écu percé, la lance mise en pièces,
« Et par le corps huit épieux m'ont frappé.
« Je vais mourir ; mais cher me suis vendu !
Il dit ces mots : Roland les entendit.
Il éperonne et galope vers lui. AOI.

Roland en deuil était mal disposé.
Dans la mêlée il commence à frapper,
De ceux d'Espagne, il en jette morts vingt,
Et Gautier six, et l'archevêque cinq.
Les Sarrasins disaient : « Quels trois félons (1)!
« Gardez, seigneurs, qu'ils s'en aillent vivants.
« Qui ne va pas les attaquer, est traître !
« Lâche est celui qui les laisserait fuir ! »
Lors la huée et le cri recommencent ;
De toutes parts on vient les assaillir. AOI.

Le preux Roland est un noble guerrier !
Gautier de Lum est bien bon chevalier,
Et l'archevêque homme brave éprouvé !
Aucun ne veut rien laisser faire aux autres.
Dans la mêlée ils frappent les païens.
Mille d'entre eux avaient mis pied à terre,
Sur leurs chevaux ils sont quarante mille,
Qui de trois Franks n'osaient pas s'approcher.
Ils leur lançaient des piques, des épieux,
Des javelots, des flèches et des dards.
Aux premiers coups ils ont occis Gautier ;
Turpin de Reims a son écu percé,
Brisé le casque et la tête blessée ;
Son haubert est rompu et démaillé ;

(1) Pour le sens du mot *félon*, voir une note précédente.

Il est blessé de quatre épieux au corps,
Et dessous lui son cheval est occis.
Or, c'est grand deuil quand l'archevêque tombe !

[AOI.

Turpin de Reims, quand il se sent tombé,
Et dans le corps frappé de quatre épieux,
Rapidement, le brave, se relève,
Cherche Roland, accourt auprès de lui,
Ne dit qu'un mot : « Je ne suis pas vaincu !
« Brave guerrier ne se rend pas vivant. »
Il tire Almace (1), au bon acier bruni,
Dans la mêlée il frappe mille coups
Sans épargner, Charles l'a dit depuis :
Il en trouva quatre cents alentour ;
Les uns blessés, d'autres coupés en deux ;
D'autres païens avaient perdu la tête.
L'ont dit la Geste et celui qui fut là,
Baron saint Gille, pour qui Dieu fait miracles.
Il l'écrivit dans un moustier de Laon.
Qui dirait moins l'aura mal entendu (2).

XXV

ROLAND ET TURPIN DEMEURENT MAITRES DU CHAMP
DE BATAILLE

LE preux Roland combattait noblement,
Mais tout suant et tout chaud est son corps,

(1) Son épée. Voir l'ouvrage de G. Pâris, page 370.
(2) La tradition relative à Gille se retrouve dans le poëme de
Hugues Capet. Hugues, en fuite, rencontre le solitaire qui avait
échappé au désastre de Roncevaux.

Et dans la tête il a grande douleur.
D'avoir corné, sa tempe en est rompue :
Il veut savoir si Charles reviendra :
Il prit son cor, le sonna faiblement.
Charles s'arrête, il écoute le cor :
« Seigneurs, dit-il, nos affaires vont mal.
« Mon neveu va nous manquer aujourd'hùi ;
« J'entende au son qu'il ne vivra plus guère.
« Qui veut le voir, chevauche avec vitesse.
« Faites corner tous nos clairons ensemble. »
Soixante mille avec force ont corné :
Monts résonnaient, vallons y répondaient.
En l'entendant, les païens ne rient pas.
Ils se disaient : « Nous allons avoir Charles ! » AOI.

« Charles le roi revient ; de ceux de France,
« Nous entendons les clairons résonner.
« Si Charles vient, grande perte de nous !
« Si Roland vit, la guerre recommence. »
« Nous y perdons l'Espagne, notre terre ;
Lors quatre cents se rassemblent en heaumes,
Et des meilleurs qui soient dans leur armée ;
Avec vigueur ils attaquent Roland.
Le noble comte, assez a-t-il à faire ! AOI.

Le preux Roland, quand il les voit venir,
Se fait plus fort, plus fier et plus solide ;
Ne lâchera tant qu'il sera vivant.
Sur son cheval, qu'on nomme Vaillantif,
Il pique bien des éperons d'or fin ;
Et dans la masse il va les assaillir,
Ensemble avec l'archevêque Turpin.

Les Sarrasins se disaient : « Sauvons-nous !
« De ceux de France nous entendons les cors ;
« Charles revient, le puissant empereur ! »

Le preux Roland n'aima jamais les lâches,
Les orgueilleux, ni les hommes méchants,
Ni chevalier s'il ne fut bon guerrier.
Il appela l'archevêque Turpin :
« Moi, je chevauche et vous êtes à pied ;
« Mais par amour pour vous je reste ici :
« Ensemble aurons et le bien et le mal ;
« Homme de chair ne fera que vous laisse (1) ;
« Nous allons rendre aux païens cet assaut,
« Les meilleurs coups sont ceux de Durendal. »
Turpin répond : « Félon qui bien n'y frappe !
« Charles revient, qui nous vengera bien. »

Païens disaient : « Sommes nés malheureux !
« Et ce jour d'hui pour nous est bien cruel :
« Avons perdu nos seigneurs et nos pairs.
« Charles revient avec ses gens, le brave !
« Nous entendons les clairons des Français.
« Grand est le bruit de ceux qui crient : « Mon-
                                        [joye ! »
« Le preux Roland est de fierté si grande
« Qu'homme de chair ne pourra pas le vaincre.
« Tirons de loin et laissons-lui le champ. »
Et les voici qui lui lancent des flèches,
Piques, épieux et des dards empennés ;
L'écu du comte ils fracassent et percent,

(1) *Pur nul hume de car.* Roland dit qu'il n'abandonne pas
Turpin, quel que soit le nombre des ennemis vivants.

8

Et son haubert ils rompent et démaillent
Mais en son corps ils ne l'ont pas atteint ;
Ils ont blessé Vaillantif trente fois ;
Et sous le comte ils l'ont abattu mort.
Ils fuient alors et lui laissent le champ.
Le preux Roland à pied y est resté. AOI.

XXVI

COMMENT L'ARCHEVÊQUE TURPIN DONNE L'ABSOUTE
AUX FRANÇAIS

Paiens s'en vont, fâchés et courroucés ;
Devers l'Espagne ils se précipitaient.
Le preux Roland ne les a poursuivis,
Il a perdu son cheval Vaillantif.
Qu'il veuille ou non, à pied il est resté.
Puis il alla pour aider à Turpin,
Il délaça son casque de la tête,
Il enleva le blanc haubert léger.
Il découpa son surtout en entier,
Il en plaça les morceaux sur les plaies,
Contre son sein il embrassa Turpin,
Sur l'herbe verte avec soin le coucha
Et doucement lui fit cette prière :
« Homme de cœur, donnez-moi mon congé.
« Nos compagnons qui nous étaient si chers,
« Ils sont tous morts : ne les oublions pas.
« Je veux aller les chercher dans la foule,
« Et devant vous les porter et ranger. »

Turpin lui dit : « Allez et revenez :
« Le champ est vôtre et mien, grâces à Dieu! »

Roland tout seul, par le champ de bataille,
Fouille les vaux et fouille les montagnes.
Le preux trouva Gérer avec Gérin,
Et Béranger et le marquis Othon,
Puis il trouva Sanche avec Anséis,
Trouva Gérard, le vieux de Rossillon.
Le preux Roland les a pris un par un,
Les a portés tous devant l'archevêque,
Et les a mis en rang à ses genoux.
Turpin ne peut s'empêcher de pleurer,
Lève sa main et puis il les bénit.
Il dit après : « Vous eûtes du malheur!
« Seigneurs, que Dieu place toutes vos âmes
« Au paradis, parmi les saintes fleurs.
« Ma propre mort me donne tant d'angoisses :
« Je ne verrai plus le grand empereur (1)! »

Roland retourne, il cherche dans le champ,
Lors il retrouve Olivier, son ami,
Contre son sein étroitement l'embrasse,
Du mieux qu'il peut revient à l'archevêque,
Sur un écu près des autres le couche,
Et l'archevêque absout et les bénit.
Lors la douleur et la pitié redoublent,
Et Roland dit : « Olivier, bel ami,
« Vous fûtes fils au vaillant duc Renier,

(1) Remarquez avec quelle vénération et quel amour les che
valiers français parlent de Charlemagne. Olivier a dit qu'on
ne verra pas un pareil roi.

« Chef du pays jusqu'au val de Runers.
« Pour rompre lance et pour briser écu,
« Pour conseiller et soutenir les braves,
« Pour effrayer et vaincre les gloutons,
« N'y eut sur terre un meilleur chevalier !

XXVII

COMMENT L'ARCHEVÊQUE REND SON AME A DIEU

Le preux Roland, quand il voit morts ses pairs,
Sire Olivier qu'il avait tant aimé,
Il s'attendrit, il commence à pleurer,
Et son visage est tout décoloré ;
Il a tel deuil qu'il ne peut se tenir ;
Qu'il veuille ou non, à terre il choit pâmé.
Turpin lui dit : « Vous fûtes malheureux ! »

Quand l'archevêque a vu Roland pâmer,
Il eut tel deuil, jamais n'en eut si grand.
Il étendit la main et prit le cor.
En Roncevaux il est une eau courante,
Il veut aller pour donner à Roland.
Son petit pas il marche en chancelant,
Si faible il est qu'il ne peut avancer,
N'en a la force, a trop perdu de sang.
Avant qu'il puisse aller un seul arpent,
Le cœur lui faut, il retombe en avant,
Et de la mort il ressent les angoisses.

Le preux Roland revient de pamoison,
Se met sur pieds, mais a grande douleur,

Car il regarde en amont, en aval :
Sur l'herbe verte, un peu devant les autres,
Il voit gésir le noble chevalier,
Turpin, que Dieu mit sur terre en son nom.
« *Meâ culpâ*, » dit-il, les yeux au ciel ;
Et les deux mains jointes, il priait Dieu
Qu'il le reçoive en son saint paradis.
Mort est Turpin, le bon guerrier de Charles !
Par grands combats et par très-beaux sermons,
Contre païens il fut toujours champion.
Lui donne Dieu sa bénédiction ! AOI.

Le preux Roland voit l'archevêque à terre ;
Hors de son corps il vait gir les entrailles,
Et sur le front bouillonner la cervelle.
Sur la poitrine, entre les deux mamelles,
Il a croisé ses blanches mains, les belles.
Puis il le plaint à la mode de France :
« Eh ! chevalier de bonne aire, homme noble,
« Je te confie au Glorieux du ciel :
« Plus volontiers nul ne le servira !
« Nul ne sut mieux, depuis les saints apôtres,
« La foi garder et convertir les hommes.
« Que n'ait votre âme aucun mal ni souffrances !
« Du paradis lui soit la porte ouverte ! »

XXVIII

POURQUOI ROLAND ESSAYE DE BRISER SON ÉPÉE

ROLAND sent bien que la mort lui est proche :
C'est le cerveau qui sort par les oreilles.

Il priait Dieu pour qu'il sauvât ses pairs,
Et pour lui-même invoquait Gabriel.
Il prit son cor pour n'avoir de reproche,
Et Durendal l'épée en l'autre main.
Plus loin qu'un trait lancé d'une arbalète (1),
Il s'avança sur la terre d'Espagne,
Gravit un tertre. Au-dessous d'un bel arbre
Il y avait quatre marches de marbre.
Sur l'herbe verte il tombe à la renverse ;
Là s'est pâmé, car la mort lui est proche.

Hauts sont les pics et très-hauts sont les arbres,
Il y a là quatre marches de marbre.
Le preux Roland pâmait sur l'herbe verte.
Un Sarrasin des deux yeux le guettait ;
Il se feint mort, il gît entre les autres,
De sang salit son corps et son visage,
Saute sur ses pieds, se hâte de courir,
Il était beau, fort et de grand courage ;
Par son orgueil lui vint mortelle rage ;
Saisit Roland, et son corps et ses armes.
« Vaincu, dit-il, est le neveu de Charles !
« Je porterai cette épée en Syrie ! »
Il la tirait, Roland s'en aperçut.

(1) MM. Francisque Michel et Génin lisent :

D'un arbaleste ne poest traire un quarrel.

M. Muller lit :

Plus qu'arbaleste ne poet traire un quarrel.

J'adopte, avec M. Louis Moland, le sens donné par le texte de Gœttingue. Il importe, en effet, comme on le verra plus bas, de bien préciser que Roland est resté maître du champ de bataille et qu'il est mort sur la terre étrangère *cunquerrantment*.

Roland sent bien qu'il lui prend son épée,
Ouvre les yeux et ne lui dit qu'un mot :
« A mon escient, tu n'es pas un des nôtres! »
Il tient le cor, qu'il n'eût pas voulu perdre :
Il en frappa le païen sur son casque,
Brisa l'acier et la tête et les os,
Lui fit sortir les deux yeux de la tête ;
Juste à ses pieds il l'a renversé mort.
« Brigand, dit-il, tu fus donc si hardi
« De me saisir, soit à droit, soit à tort?
« Qui l'apprendra te tiendra pour un fou !
« En est fendu le pavillon du cor,
« Tous les cristaux et l'or en sont tombés. »

Il s'aperçoit qu'il a perdu la vue,
Se met sur pieds, tant qu'il peut s'évertue ;
Mais son visage a perdu sa couleur.
Devant Roland est une pierre brune :
Dix coups il frappe en deuil et par rancune ;
Grince l'acier, ne rompt ni ne s'ébrèche,
Le comte dit : « Aide, sainte Marie !
« Eh! Durendal, quel malheur ! bonne épée !
« Quand je me meurs, ne puis plus vous défendre !
« Avec vous j'ai gagné tant de batailles,
« Et j'ai conquis tant de vastes pays,
« Que garde Charle à la barbe chenue !
« Ne vous ait pas qui fuit devant un autre !
« Un bon guerrier vous a longtemps tenue,
« Tel n'en aura jamais la libre France. »

Il frappe encor la pierre de sardoine ;
Grince l'acier, ne rompt ni ne s'ébrèche.
Quand il voit bien qu'il ne peut la briser,

Il recommence à la plaindre à soi-même :

« Eh! Durendal, que tu es claire et blanche !

« Comme au soleil tu reluis et flamboies !

« Charle était aux vallons de Moriane,

« Quand Dieu du ciel lui manda, par son ange,

« De te donner à brave capitaine ;

« Me la ceignit, le noble roi, le Magne.

« Je lui conquis Normandie et Bretagne ;

« Je lui conquis le Maine et le Poitou ;

« Je lui conquis et Bourgogne et Lorraine ;

« Je lui conquis Aquitaine et Provence,

« La Lombardie et toute la Romagne ;

« Je lui conquis la Bavière et la Flandre,

« Et l'Allemagne et la terre de Pouille.

« Constantinople (il en reçut l'hommage),

« Toute la Saxe, à l'empereur soumise ;

« Je lui conquis Ecosse, Galle, Islande,

« Et l'Angleterre (il en fit son domaine) (1).

« Ai-je conquis de pays et de terres,

« Que Charles tient, qui barbe a toute blanche !

« Pour Durendal j'ai douleur et regret,

« Mieux vaut mourir qu'aux païens elle reste !

« Sauve, Dieu Père, à France cette honte !

Il frappe encor sur une pierre grise,
Plus en abat que je ne vous sais dire ;

(1) L'énumération de ces pays est fort incertaine dans le texte d'Oxford. Aussi serait-il oiseux d'expliquer pourquoi l'on a donné raison ici à telle ou telle lecture.

Le vers relatif à l'Angleterre est ainsi conçu :

E Engleterre que il teneit sa cambre,

ce qui veut dire faire partie du domaine privé.

On trouvera plus loin la même expression appliquée à la ville de Laon.

Grince l'acier, ne fléchit ni ne rompt.
Contre le ciel l'épée a rebondi.
Le comte voit qu'il ne la brisera !
Tout doucement il la plaint à soi-même :
« Eh! Durendal, que tu es belle et sainte!
« Que dans ta garde il y a de reliques :
« Dent de saint Pierre et sang de saint Basile,
« Et des cheveux de mon sieur saint Denis,
« Du vêtement de la Vierge Marie !
« Ce n'est le droit que des païens te tiennent :
« Par des chrétiens tu dois être servie.
« Ne vous ait homme à faire lâcheté !
« J'aurai conquis avec vous tant de terres,
« Que Charles tient, à la barbe fleurie,
« Et l'empereur en est puissant et riche. »

XXIX

COMMENT ROLAND SE CONFESSE A DIEU

ROLAND sent bien que la mort l'entreprend,
Que de la tête au cœur elle descend.
Il est allé sous un pin en courant.
Il s'est couché le sein sur l'herbe verte ;
Il met sous lui son épée et son cor ;
Vers les païens il a tourné sa tête.
Et s'il le fait, c'est qu'il veut être sûr
Que Charles dise, et toute son armée,
Le noble preux, qu'il est mort en vainqueur.

Il bat sa coulpe et souvent et menu (1),
Pour ses péchés il offre à Dieu son gant. AOI.

Roland sent bien que son temps il n'a plus.
Là, sur un pic et tourné vers l'Espagne,
Il a frappé d'une main sa poitrine.
« *Meâ culpâ*, mon Dieu, par tes mérites,
« Pour mes péchés, les grands et les menus,
« Que j'aurai faits dès l'heure où je suis né
« Jusqu'à ce jour où je suis parvenu ! »
Il tend vers Dieu le gant de sa main droite.
Anges du ciel descendent près de lui. AOI.

Le preux Roland gisait dessous un pin.
Il a tourné sa face vers l'Espagne.
De mainte chose il lui vient souvenance :
De tant de lieux qu'il a conquis le brave !
De douce France et de sa parenté,
De son seigneur, Charles, qui l'a nourri.
Il ne peut pas qu'il ne pleure et soupire.
Mais il ne veut pas s'oublier lui-même,
Dit ses péchés, demande grâce à Dieu :
« Notre vrai Père, et qui ne mens jamais !
» Qui de la mort ressuscitas Lazare,
« Et qui sauvas Daniel des lions,
« Sauve mon âme aussi de tout péril
« Pour les péchés que j'ai faits en ma vie ! »
Il offre à Dieu le gant de sa main droite ;
Saint Gabriel de sa main le lui prend.
Dessus le bras sa tête était penchée ;
Il est allé vers sa fin les mains jointes ;

---

(1) C'est-à-dire, il dit *meâ culpâ*, en se frappant la poitrine.

Dieu lui manda son ange Chérubin
Et saint Michel qu'on nomme du Péril;
Vient avec eux l'ange saint Gabriel;
Au paradis portent l'âme du comte.

XXX

CHARLEMAGNE PARVIENT A RONCEVAUX ET COMMENT
IL POURSUIT LES SARRASINS

ROLAND est mort : Dieu a son âme au ciel.
Notre empereur parvient à Roncevaux.
Il n'y a là ni chemin ni sentier,
De terre vide une aune, un seul pied même,
Où n'y ait pas Français et Sarrasins.
Charles s'écrie : « Où, Roland, êtes-vous?
« Où l'archevêque et le comte Olivier?
« Où sont Gérin et son ami Gérer?
« Le duc Othon, le comte Béranger?
« Ives, Ivoire, eux que j'ai tant aimés?
« Qu'est devenu le Gascon Angelier?
« Sanche le duc et le brave Anséis?
« Où sont Gérard de Rossillon, le vieux,
« Les douze pairs que j'y avais laissés?
Mais à quoi bon quand nul d'eux ne répond?
« Dieu, je puis bien me désoler, dit Charles,
« De n'être pas au combat dès l'abord. »
Le roi tirait sa barbe par colère;
Pleurent des yeux ses braves chevaliers.
Ils sont vingt mille à terre qui se pâment :
Nayme le duc en a grande pitié.

Il n'y a pas chevaliers ou barons
Qui de pitié ne pleurent durement,
Pleurent leurs fils, leurs frères, leurs neveux,
Et leurs amis, et leurs liges seigneurs ;
Et la plupart se pâment contre terre.
Nayme le duc a fait en homme sage ;
Sans plus tarder il dit à l'empereur :
« Sire, voyez devant nous à deux lieues,
« Vous pouvez voir les grands chemins poudreux,
« Tant il y a de la gent sarrasine !
« Chevauchez donc, vengez cette douleur ! »
·— « O Dieu, dit Charle, ils sont déjà si loin !
« Vous conseillez et le droit et l'honneur :
« De France douce ils m'ont ravi la fleur ! »
Le roi commande Othon et Gibouin (1),
Thibaut de Reims et le comte Milon :
« Gardez le champ, les vaux et les montagnes,
« Laissez les morts ici tout comme ils sont.
« Qu'aucune bête ou lion n'en approche,
« Que n'en approche écuyer ni valet ;
« Je ne veux pas qu'aucun homme en approche,
« Jusque Dieu veuille ici que revenions. »
Et par amour doucement ils répondent :
« Droit empereur, cher sire, ainsi ferons. »
Mille Français ils retiennent des leurs. AOI.

Notre empereur fait sonner ses clairons.
Il part, le brave, avec sa grande armée.
Des Sarrasins ils ont trouvé.
D'un même accord, ils tiennent la poursuite.

---

(1) Dans la strophe précédente, Charlemagne regrette comme mort Othon, qui reparaît ici. Il y a là une erreur de copiste.

Quand le roi voit que le soir va tomber,
Sur l'herbe verte il descend dans son pré,
Et, prosterné, demande au seigneur Dieu
Que le soleil il lui fasse arrêter,
Tarder la nuit et le jour demeurer.
L'ange apparaît qui lui parle souvent ;
Rapidement il lui commande ainsi :
« Charles, poursuis, clarté ne te faudra.
« La fleur de France as perdu, Dieu le sait :
« Peux te venger de la gent criminelle. »
Et à ces mots, il remonte à cheval. AOI.

Pour l'empereur Dieu fit un grand miracle,
Car le soleil immobile est resté.
Païens fuyaient ; les Franks les chassent bien.
Dans un vallon ténébreux ils les joignent,
Vers Saragosse ils vont les poursuivant,
A coups pléniers ils s'en vont les tuant,
Coupent leur route et les autres chemins.
Les païens ont devant eux l'eau de l'Èbre.
Profonde elle est, merveilleuse et rapide ;
Pas de bateaux, de bacs ni de chalands.
Les Sarrasins réclament Tervagant,
Sautent dans l'eau, mais ils n'y ont salut.
Les aboubés, qui sont les plus pesants,
Pour la plupart coulèrent vers le fond.
Les autres vont à contre-val flottant.
Mais les moins lourds d'entre eux ont tant bu
[d'eau
Qu'ils se noient tous avec grande douleur.
Les Franks criaient : « C'est pour venger Roland ! »
[AOI.

XXXI

COMMENT LES FRANÇAIS PASSENT LE RESTE
DE LA NUIT

Quand l'empereur voit tous les païens morts,
Les uns occis et la plupart noyés
(Ses chevaliers en ont un grand butin),
Le noble roi descend de son cheval;
Il se prosterne et rend grâces à Dieu.
Quand il se dresse, est couché le soleil.
L'empereur dit : « Il est temps de camper,
« Il est trop tard pour joindre Roncevaux :
« Nos chevaux sont ennuyés et lassés;
« Otez la selle et le frein de leurs bouches,
« Et par ces prés les laissez rafraîchir. »
Et les Français : « Sire, vous dites bien! » AOI.

Notre empereur a pris son campement,
Et les Français, sur la terre déserte,
A leurs chevaux ont enlevé les selles,
Et les freins d'or qu'ils laissent pendre aux cous.
Ils trouveront au pré de l'herbe fraîche;
Mais autre soin on ne peut pas leur rendre.
Ceux qui sont las s'endorment sur la terre.
Il n'y eut point cette nuit de vedette.
Notre empereur s'est couché dans un pré,
Son grand épieu sous la tête, le brave!
Il ne se veut cette nuit désarmer.
Il a vêtu son blanc haubert frangé,

Lacé son casque orné de pierreries
Et ceint Joyeuse; elle n'a sa pareille,
Et trente fois réfléchit la lumière.
Avons ouï tous parler de la lance
Dont fut en croix blessé Notre-Seigneur :
Charles en a le fer, grâces à Dieu.
Dedans la garde il l'a fait enchâsser :
Pour cet honneur et pour cette bonté,
Le nom « Joyeuse » à l'épée est donné;
Barons français ne doivent l'oublier.
C'est pour cela qu'ils ont le cri : « Mon-Joye, »
Et nulle gent ne peut tenir contre eux (1).

Claire est la nuit et la lune luisante.
Charle est couché; mais a deuil de Roland,
Et d'Olivier fortement il lui pèse,
Des douze pairs et de tant de Français
Qu'à Roncevaux il laissait morts sanglants !
Il ne pouvait s'empêcher de pleurer,
Et priait Dieu pour qu'il sauvât leurs âmes.
Las est le roi, car sa peine est si grande !
Il n'en peut plus, et finit par dormir.
Dans tous les prés s'endorment les Français,
Aucun cheval ne peut tenir debout;
Qui veut de l'herbe, il la broute couché.
A bien appris, qui beaucoup a souffert !

L'empereur dort comme homme tourmenté
Dieu lui manda l'ange saint Gabriel,
Lui commandant de garder Charlemagne;

(1) On a donné deux autres origines au mot *monjoye*, à savoir
meum gaudium et *mons Jovis.*

Toute la nuit l'ange est près de sa tête.
Par vision, à Charles il fait voir
Qu'il y aura bataille contre lui;
Il la lui montre avec de tristes signes.
Charles le roi regardait vers le ciel :
Il voit venir tonnerres et gelées,
Orages, vents, merveilleuses tempêtes,
Un appareil de flammes et de feux.
Soudainement tout tombe sur sa gent;
Brûlent le frêne et le pommier des lances,
Et les écus jusqu'aux boucles d'or pur;
Grinçait l'acier des hauberts et des casques.
En grand danger il voit ses chevaliers,
Ours, léopards, qui veulent les manger,
Guivres, serpents et dragons et démons,
Et de griffons plus de trente milliers.
Il n'en est pas qui ne coure aux Français.
Et les Français : « Charlemagne, au secours! »
Charles en sent et douleur et pitié,
Y veut aller, mais en est empêché (1).
De vers le bois, un grand lion lui vient;
Il était fier, orgueilleux et féroce (2)!
Il court au roi, s'attaque à son corps même;
Tous deux à bras se prennent pour lutter;
Mais on ne sait lequel abattra l'autre.
Et l'empereur ne s'est pas éveillé.
Après lui vient une autre vision,
Qu'il est en France, à Aix, sur un perron :

(1) Il s'agit probablement du désastre de Roncevaux, que
Charlemagne a pressenti et qu'il n'a pu empêcher, ou la
guerre contre les Saxons.

(2) Le saxon Witikind ou un émir Baligant dont il est fait
mention dans un épisode que nous n'avons pas conservé.

Il tient un ours par une double chaîne;
D'Ardenne il voit venir trente autres ours.
Chacun parlait comme un homme vivant;
Ils lui disaient : « Sire, rendez-le-nous!
« Ce n'est le droit que vous le reteniez ;
« Notre parent nous devons secourir.
De son palais un lévrier accourt,
Entre les ours attaque le plus grand,
Sur l'herbe verte et devant tous les autres.
Là le roi vit un merveilleux combat;
Mais on ne sait lequel des deux vaincra (1).
L'ange fit voir au baron (2) ces deux songes;
L'empereur dort jusqu'au matin grand jour.

XXXII

COMMENT MARSILE ET BRAMIMONDE SE DÉSESPÉRAIEN'I

L E roi Marsile a fui vers Saragosse,
   Sous l'olivier il descend de cheval,
Rend à ses gens cuirasse, épée et casque,
Et tristement s'étend sur l'herbe verte.

(1) Gane est l'ours enchaîné. Les trente autres sont ses
parents qui se sont portés cautions. Le lévrier est Thierry.

(2) Baron, comme ber, signifie brave, homme, *vir*. On re-
marquera qu'il n'y a aucune fixité dans les titres et qualifica-
tions que le trouvère donne à ses héros. Roland est appelé
successivement marquis, comte, baron. Ce dernier titre est
appliqué ici à Charlemagne. On le donne sussi à saint Pierre, à
saint Denis, à saint Sylvestre, à saint Thomas de Cantor-
bčry, etc., etc.

Il a perdu la main droite en entier ;
Du sang qui sort il s'est pâmé d'angoisse.
Est devant lui sa femme Bramimonde,
Qui pleure, crie et se désole fort ;
Sont avec eux plus de trente mille hommes,
Qui maudissaient Charle et la douce France.
Vers Apollon ils courent en sa grotte,
Tous à l'envi le tancent, l'injurient :
« Eh ! mauvais dieu, tu nous fis telle honte !
« C'est notre roi, tu le laissas confondre !
« Qui bien te sert, mal tu le récompenses.
Ils ont ôté son sceptre et sa couronne:
Par les deux mains l'ont au pilier pendu,
Puis à leurs pieds par terre ils l'ont foulé,
De leurs bâtons l'ont battu, tout brisé,
De Tervagant ils prennent l'escarboule,
Et Mahomet jettent dans un fossé,
Où porcs et chiens le mordent et le foulent.

De pâmoison Marsile est revenu,
Se fait porter en sa chambre voûtée,
Écrite et peinte en diverses couleurs ;
Pleure sur lui Bramimonde, la reine,
Ses cheveux tire et se dit malheureuse,
Pleure, gémit, et crie à haute voix :
« Eh ! Saragosse, aujourd'hui tu vas perdre
« Le noble roi qui t'avait en gouverne.
« Nos mauvais dieux lui firent félonie,
« Qui ce matin au combat lui faillirent
« Dans le combat contre ces Franks hardis,
« Qui sont si fiers, et n'ont soin de leur vie.
« Leur empereur à la barbe fleurie,

« Il est très-brave et d'une grande audace ;
« S'il a bataille, il ne fuira jamais.
« C'est un grand deuil que quelqu'un ne l'occise ! »

XXXIII

CE QUE LES FRANÇAIS FONT A SARAGOSSE

Il fait grand chaud, la poussière se lève ;
Païens fuyaient, les Français les poursuivent ;
Chasse dura jusques à Saragosse.
En haut des tours, Bramimonde est montée
Ensemble avec les clercs et les chanoines
De leur loi fausse et que Dieu n'aime pas.
Ces prêtres n'ont d'ordre ni de tonsure.
Quand elle vit les païens confondus,
Elle cria : « Mahomet, aidez-nous !
« Eh ! noble roi, nos hommes sont vaincus,
« Nos chevaliers occis à grande honte,
« Et les Français vont prendre Saragosse. »
Marsile entend, se tourne vers le mur.
Pleure des yeux, et sa tête s'affaisse.
Il meurt de deuil. Comme péché l'encombre,
Les diables vifs ont emporté son âme.

Tous les païens sont morts ou mis en fuite,
Et Charlemagne a gagné sa bataille.
De Saragosse il renverse la porte :
Or il sait bien qu'on ne peut la défendre.
Il prend la ville ; sa gent y est venue,

Et cette nuit l'occupe par la force.
Charles est fier, à la barbe chenue.
Les tours lui rend la reine Bramimonde,
Dix grosses tours et cinquante petites.
Travaille bien celui que Dieu protége !

Passe le jour, arrive la nuit sombre ;
Claire est la lune et les étoiles flambent.
Notre empereur est maître à Saragosse.
Mille Français vont chercher dans la ville
La synanogue et les mahomeries,
De leurs maillets, de leurs haches ils brisent
Tous les portraits et toutes les idoles :
Nul sortilége ou fausseté n'y reste.
Le roi croit Dieu, veut faire son service :
Eau du baptême ont béni les évêques ;
Au baptistère ils mènent les païens.
S'il y en a qui contredisent Charles,
Il les fait pendre, ou brûler, ou tuer.
Cent mille et plus y furent baptisés
Et vrais chrétiens, mais la reine exceptée :
En France douce on l'emmène captive :
Le roi la veut convertir par amour.

La nuit passa, le jour clair apparut.
Charles garnit les tours de Saragosse ;
Il y laissa mille bons chevaliers,
Qui garderont la ville pour le roi.
Charles chevauche et ses hommes aussi,
Et Bramimonde, il l'emmène captive ;
Mais il ne veut lui faire que du bien.

XXXIV

CHARLEMAGNE PLEURE SON NEVEU

De bon matin, quand l'aube perce à peine,
Est éveillé l'empereur Charlemagne.
Saint Gabriel, qui de par Dieu le garde
Leva la main, sur lui signa la croix.
Notre empereur se lève, se désarme ;
Toute la troupe alors s'est désarmée,
Et les Français avec hâte chevauchent
Par ces sentiers longs et ces chemins larges ;
Ils s'en vont voir le merveilleux désastre
A Roncevaux où la bataille fut. AOI.

A Roncevaux Charles est arrivé.
Des morts qu'il trouve il commence à pleurer :
« Seigneurs français, ralentissez le pas !
« Car c'est à moi d'aller seul en avant,
« Pour mon neveu que je voudrais trouver.

« J'étais dans Aix, un jour de grande fête :
« Là se vantaient mes vaillants chevaliers
« De grands combats et de forts coups d'épée.
« J'ouïs Roland dire cette raison,
« Qu'il ne mourrait en royaume étranger,
« Qu'en devançant ses hommes et ses pairs,
« Avec le chef tourné vers l'ennemi,
« Et qu'en vainqueur il finirait, le brave ! »

Un peu plus loin qu'on ne lance un bâton,
Devant les siens, il monte sur un pic.

Quand l'empereur va cherchant son neveu,
Il voit les fleurs et le gazon du pré
Qui sont vermeils du sang de nos barons.
Il a pitié, ne peut ne pas pleurer.
Sous les deux pins est parvenu le roi,
Il reconnaît les coups sur les trois pierres ;
Sur l'herbe verte il voit gir son neveu.
Charle a douleur, et ce n'est pas merveille,
Descend à pied, y va de pleine course.
Entre ses mains il soulève Roland,
Sur lui se pâme : il en a tant d'angoisse !

Notre empereur revint de pâmoison.
Nayme le duc et le comte Asselin,
Geoffroy d'Anjou, le preux Henri, son frère,
Prennent le roi, le dressent contre un pin.
Regarde à terre, il voit son neveu gir,
Et doucement prend à le regretter (1).
« Ami Roland, Dieu ait pitié de toi !
« Homme jamais ne vit tel chevalier,
« Pour engager et gagner grands combats ;
« Vers le déclin mon honneur est tourné. »
Charles se pâme ; il ne se peut tenir. AOI.

(1) Dans l'ardeur du combat, on donne un mot d'éloge au
chevalier qui frappe un grand coup, et de regret à celui qui
succombe. Il est aussi d'usage de faire l'oraison funèbre avec
plus de détail quand on en a le loisir. Roland l'a fait pour
Olivier et Turpin. Ici Charlemagne rend ce pieux devoir
à Roland. Les exemples en sont fréquents.

Charles le roi revint de pâmoison.
Quatre barons le tiennent par les mains.
Regarde à terre, il voit son neveu gir,
Le corps gaillard, mais la couleur perdue,
Les yeux lui sont tournés et ténébreux.
Charles le plaint par amour et par foi ;
« Ami Roland, que Dieu mette ton âme
« En saintes fleurs parmi les glorieux !
« Comme tu vins à tort dans ce pays !
« Jour n'y aura que pour toi je ne souffre.
« Que vont déchoir ma force et mon bonheur !
« Je n'aurai plus qui soutienne mon droit !
« Je crois n'avoir sur terre un seul ami ;
« J'ai des parents, mais nul aussi loyal ! »
A pleines mains, il tire ses cheveux.
Cent mille Franks en ont douleur si grande,
Qu'il n'en est pas qui durement ne pleure. AOI.

« Ami Roland, en France je retourne.
« Quand je serai dans mon domaine, à Laon,
« De maints États viendront les étrangers ;
« Demanderont : Où est le capitaine ?
« Je leur dirai qu'il est mort en Espagne.
« Dans la douleur je tiendrai mon royaume,
« N'y aura jour que ne pleure et m'en plaigne !

« Ami Roland, brave et belle jeunesse !
« Quand je serai dans Aix, à ma chapelle,
« Les gens viendront demander des nouvelles ;
« J'en donnerai d'étranges et cruelles :
« Mort mon neveu, qui conquit tant pour moi !
« Vont contre moi se rebeller Saxons,

« Bulgares, Huns, tant de peuples divers (1),
« Et les Romains, et tous ceux de Palerme,
« Et ceux d'Afrique et ceux de Califerne.
« Puis s'accroîtront mes peines, mes souffrances.
« Qui conduira si puissamment mes troupes,
« Quand il est mort celui qui nous guidait?
« Tu vas rester déserte, France douce!
« J'ai si grand deuil que voudrais ne pas être! »
Notre empereur tire sa blanche barbe,
Et des deux mains les cheveux de sa tête.
Cent mille Franks se pâment contre terre.

« Ami Roland, Dieu te prenne en merci!
« En paradis que ton âme soit mise!
« Qui t'a tué France a mis en détresse.
« J'ai si grand deuil que ne voudrais survivre
« A mes parents qui pour moi sont occis.
« M'accorde Dieu, fils de sainte Marie,
« Qu'avant d'atteindre aux défilés de Size,
« L'âme aujourd'hui soit de mon corps partie,
« Entre les leurs que mon âme soit mise,
« Et que ma chair soit près d'eux enfouie! »
Pleure des yeux, tire sa blanche barbe,
Et Nayme dit : « Charle a grande douleur! AOï.

(1) A cause de l'anachronisme, je me crois autorisé à traduire *Hongre* par Huns. C'est ainsi que, dans la première
branche de *Garin le Lohérain*, on appelle Hongres les peuples
qui ont fait l'invasion d'Attila.
    Au vers suivant, le texte ajoute aux Romains et aux Paler-
mitains les *Puillains*, c'est-à-dire les gens de la Pouille.

XXXV

CHARLEMAGNE FAIT RENDRE LES DERNIERS DEVOIRS
AUX MORTS ET LES FRANÇAIS REVIENNENT EN
FRANCE.

Sire empereur, a dit Geoffroy d'Anjou,
« Ne démenez si fort cette douleur.
« Partout le champ faites chercher les nôtres
« Que ceux d'Espagne en bataille ont tués.
« Dans un charnier commandez qu'on les porte. »
Le roi lui dit : « Sonnez de votre cor. » AOI.

Geoffroy d'Anjou de son cor a sonné.
Charles commande ; à pied sautent les Franks.
Tous leurs amis qu'ils ont retrouvés morts,
Dans un charnier ils les portent d'abord.
Assez y a d'évêques, de chanoines,
Moines, abbés et prêtres tonsurés ;
Ils ont absous les morts au nom de Dieu,
Fait allumer les parfums et la myrrhe,
Ils les ont tous encensés bravement ;
En grand honneur ils les ont enterrés
Et laissés là : qu'eussent-ils fait de plus ? AOI.

Notre empereur fait mettre à part Roland,
Sire Olivier et Turpin l'archevêque.
Devant lui-même il les a fait ouvrir,
Et les trois cœurs en un drap recueillir ;
En blanc cercueil de marbre il les a mis,
Et puis les corps des barons il a pris,
Et dans des peaux de cerf il les a mis,

Frottés d'épice et lavés dans le vin.
Le roi commande, et Thibaut, Gibouin,
Milon le comte et le marquis Othon
Ont transporté les corps sur trois voitures
Bien recouverts d'un tapis de gala. AOI.
Les Français sont joyeux et bien dispos :
De vive force ils traversent Narbonne (1),
Vont à Bordeau, la cité de grand prix ;
Là, sur l'autel du baron saint Seurin (2),
L'empereur met le cor du preux Roland (3) :
Les pèlerins peuvent l'y voir encore.
Par les grands bacs qui sont sur la Gironde,
Le roi conduit son neveu jusqu'à Blaye,
Sire Olivier, son noble compagnon,
Avec Turpin qui fut sage et vaillant.
Il les fait mettre en des cercueils tout blancs.
A Saint-Romain, là gisent les barons,
Recommandés à Dieu et à ses moines.
Charles chevauche et par monts et par vaux ;
Jusque dans Aix, il ne veut faire halte ;
Tant chevaucha qu'il descend au perron.
Sitôt venu dans son palais altier,
Par messagers Charles mande ses juges,
Saxons, Lorrains, Bavarois et Frisons,
Les Allemands, avec les Bourguignons,
Les Poitevins, les Normands, les Bretons,
Et des Français les plus sages qui soient.
Lors commença le plaid de Ganelon.

(1) Ou plutôt *Arbonne*, qui se trouve sur la route de l'armée.
(2) Saint Séverin.
(3) Le texte ajoute : *plein d'or et de manguns*.

XXXVI

AUDE (1) DEMANDE A CHARLEMAGNE OU EST ROLAND, SON FIANCÉ.

Notre empereur est revenu d'Espagne.
Il vient dans Aix, premier siége de France,
Monte au palais, entre en la grande salle.
Aude s'en vient, la belle demoiselle,
Et dit : « Où est Roland le capitaine,
« Qui m'a juré de me prendre pour femme ? »
Charles en a douleur et grande peine,
Pleure des yeux, tire sa barbe blanche :
« Sœur, chère amie, homme mort tu demandes !
« T'en donnerai en échange un meilleur,
« Et c'est Louis, je ne peux pas mieux dire ;
« Il est mon fils, il tiendra mes États. »
Aude répond : « Ce discours m'est étrange !
« A Dieu ne plaise, à ses saints, à ses anges,
« Après Roland que je reste vivante ! »
Elle pâlit, tombe aux pieds du roi Charles,
Meurt aussitôt. Que Dieu prenne son âme !
Barons français la pleurent et la plaignent,

Aude la belle à sa fin est allée,
Et l'empereur la croit évanouie.
Il a pitié, Charlemagne, il en pleure,

---

(1) Ce nom est celui d'une vierge qui vivait au vᵉ siècle et dont la fête se célèbre le 18 novembre.

Lui prend les mains, de terre la relève :
La tête choit sur l'épaule inclinée.
Quand Charles voit que morte il l'a trouvée,
Il a mandé d'abord quatre comtesses.
Aude est portée en un couvent de nonnes;
Toute la nuit jusqu'au jour on la veille;
Sous un autel bellement on l'enterre;
Et l'empereur lui fait beaucoup d'honneur. AOI.

XXXVII

COMMENT CHARLEMAGNE FAIT JUGER LE COMTE GANE

NOTRE empereur dans Aix est revenu.
Gane le traître, en des chaînes de fer,
Est dans la ville en face du palais.
Contre un poteau les serfs l'ont attaché;
Ils ont lié ses mains par des courroies;
Il est battu de bâtons et de verges :
N'a mérité qu'on le traite autrement.
Avec douleur, il attend son procès.
Il est écrit dans une ancienne Geste
Que Charles mande hommes de plusieurs terres :
Ils sont venus dans Aix, à la chapelle.
C'est un grand jour de fête solennelle,
Celle, dit-on, du baron saint Sylvestre.
On commença d'instruire le procès
De Ganelon qui trahison a fait.
Or, devant lui le roi l'a fait traîner. AOI.

« Seigneurs barons, dit le roi Charlemagne,

« De Ganelon jugez-moi donc le droit.
« Avec l'armée en Espagne il alla,
« Il m'a ravi de mes Français vingt mille,
« Et mon neveu, que vous ne verrez plus,
« Sire Olivier, le brave, le courtois.
« Gane a trahi les pairs pour des richesses. »
Ganelon dit : « Félon si je le cache !
« Roland m'avait fait tort dans mon avoir,
« J'ai poursuivi sa détresse et sa mort ;
« Mais trahison, je n'en reconnais nulle. »
Et les Français disent : « Nous entendrons. »

Devant le roi se tient le comte Gane,
Le corps gaillard, la face colorée ;
S'il eût été loyal, un vrai baron !
Il regardait les Franks et tous les juges,
Et ses parents, qui sont trente avec lui ;
Puis il cria d'une voix haute et claire :
« Au nom de Dieu, barons, eutendez-moi.
« Je fus au camp avec l'empereur Charles,
« Je le servais par amour et par foi.
« Quand son neveu Roland me prit en haine,
« Et me choisit pour une mort cruelle.
« Je fis message auprès du roi Marsile ;
« Par mon savoir, je vins à me sauver.
« Je défiai Roland le valeureux,
« Sire Olivier et tous leurs compagnons.
« Charles l'ouït, et ses barons aussi.
« Je me vengeai, mais je n'ai pas trahi. »
Et les Français : « Nous irons en conseil. »
Quand Gane voit que son grand plaid commence,
Il réunit trente de ses parents.

Il en est un que les autres écoutent :
C'est Pinabel, du castel de Sorence.
Il sait parler avec des raisons justes,
Est bon guerrier pour défendre ses armes. AOI.

Gane lui dit : « En vous, ami, me fie :
« Tirez-moi hors de mort, de calomnie. »
Pinabel dit : Vous serez tôt sauvé.
« Il n'est Français vous condamnant à mort,
« Si l'empereur m'accorde le combat,
« Qu'avec mon fer je ne démente ici. »
Gane le comte aux pieds du roi s'avance.

Saxons, Normands, Bavarois, Poitevins
Et les Français sont allés au conseil ;
Assez y a d'Allemands, de Thiois.
Ceux de l'Auvergne y sont les plus courtois,
C'est Pinabel qui les fait tenir cois.
L'un dit à l'autre : « Il faut en rester là :
« Laissons le plaid et prions l'empereur,
« Pour cette fois, d'acquitter Ganelon,
« Et qu'il le serve avec amour et foi.
« Roland est mort : plus ne le reverrons ;
« Nous ne l'aurons pour or ni pour richesses.
« Fou qui voudrait combattre Pinabel. »
Il n'en est pas qui vienne contredire,
Hors Thierry seul, le frère de Geoffroy.

XXXVIII

THIERRY JUGE QUE GANE EST FÉLON, ET COMMENT PINABEL VIENT LE DÉMENTIR

VERS l'empereur retournent les barons.
« Nous vous prions, sire, lui disent-ils,
« De proclamer que Gane est acquitté ;
« Puis qu'il vous serve avec amour et foi.
« Laissez-le vivre ; il est homme très-noble :
« Roland est mort, plus ne le reverrons ;
« Ganelon mort ne nous en rendra rien,
« Nous ne l'aurons pour or ni pour richesses. »
Le roi leur dit : « Vous m'êtes tous félons ! » AOI.

Quand Charles voit que tous lui font défaut,
Il s'assombrit et sa tête s'affaisse.
Il a tel deuil qu'il se dit malheureux ;
Mais devant lui s'avance un chevalier ;
C'était Thierry, frère du duc d'Anjou.
Il a le corps maigre, élancé, gracile,
Les cheveux noirs et le visage brun ;
Il n'est pas grand, mais non plus trop petit.
Courtoisement il dit à Charlemagne :
« Beau sire roi, ne vous troublez ainsi.
« Je vous ai bien servi, vous le savez.
« Pour mes aïeux je dois tenir ce plaid.
« Quel tort qu'ait fait Roland au comte Gane,
« Votre service eût dû le garantir ;
« Gane est félon de ce qu'il l'a trahi.

« Il a commis envers vous un parjure.
« Je le condamne à pendaison, à mort,
« Et que son corps soit jeté dans le feu,
« Comme à félon qui félonie a fait.
« S'il a parents, qui démentir me veuillent,
« Par cette épée, à mon flanc que j'ai ceinte,
« Je soutiendrai mon arrêt sur-le-champ. »
Et les Français : « Or, vous avez bien dit ! »

Devant le roi Pinabel est venu :
Il est grand, fort, agile et courageux.
Celui qu'il frappe, a bien fini son temps.
Il dit au roi : « Sire, le plaid est vôtre.
« Or, commandez qu'il n'y ait tant de noise.
« Voici Thierry qui jugement a fait ;
« Je le démens et je l'en combattrai. »
Il donne au roi le gant de sa main droite.
L'empereur dit : « Bons garants je demande. »
Trente des siens le cautionnent loyal.
Le roi leur dit : « Vous le garantissez. »
Les fait garder jusques au jugement. AOI.

Quand Thierry voit qu'il y aura bataille,
Il tend au roi le gant de sa main droite.
Le roi cautionne et fournit des otages.
Il fait porter quatre bancs sur la place.
Là vont s'asseoir ceux qui doivent combattre.
On reconnaît que tout est bien réglé ;
Tout fut réglé par Ogier des Ardennes.
Ils font venir leurs chevaux et leurs armes. AOI.

Avant d'aller combattre, ils se confessent;
Ils sont absous et bénis tous les deux,

Vont à la messe, à la communion (1),
Et de grands dons ils offrent aux couvents.
Devant le roi tous deux sont revenus.
Leurs éperons ils ont aux pieds chaussés,
Vêtent leurs blancs hauberts forts et légers,
Leurs casques clairs attachent sur la tête,
Ceignent au corps l'épée à garde d'or,
Pendent au cou les écus à quartiers ;
A la main droite ils ont l'épieu tranchant,
Puis ont monté leurs destriers rapides.
Alors pleuraient cent mille chevaliers,
Qui de Thierry pour Roland ont pitié.
Dieu connaît bien quelle sera la fin !

XXXIX

DU COMBAT QUI EUT LIEU AUPRÈS D'AIX-LA-CHAPELLE ENTRE PINADEL ET THIERRY

AU-DESSOUS d'Aix, la prairie est très-large ;
Là des barons se fera la bataille.
Ils sont tous deux courageux et prud'hommes,
Et leurs chevaux sont rapides et vifs.
Ils piquent bien, lâchent toutes les rênes,
A toute force ils frappent l'un sur l'autre,
Les deux écus ils froissent et fracassent,
Rompent hauberts et déchirent les sangles ;
Les selles d'or tournent, tombent à terre.
Cent mille Franks pleurent, qui les regardent. AOI.

(1) Il y avait une messe spéciale qu'on appelait messe du jugement de Dieu.   (Note de F. Génin.)

Les chevaliers sont tous les deux à terre :
Rapidement ils se dressent sur pieds.
Pinabel est fort, alerte et léger.
L'un cherche l'autre, ils n'ont plus de chevaux.
Avec l'épée à la garde d'or pur,
Ils se frappaient sur les casques d'acier.
Les coups sont forts à fendre les deux casques.
Les chevaliers français sont dans l'angoisse :
« Le roi dit : Dieu, faites voir le bon droit. »

Pinabel dit : « Reconnais-toi vaincu,
« Et je serai ton homme par amour,
« Te donnerái de mes biens à ton gré ;
« Mais avec Charle accorde Ganelon.
Thierry répond : « Je n'y veux pas penser.
« Sois-je félon si jamais je l'octroie !
« Qu'entre nous Dieu montre aujourd'hui le
                                    [droit! » AOI.

Thierry lui dit : « Pinabel tu es brave
« Et grand et fort ; ton corps est bien moulé ;
« Pour ta valeur tes pairs te reconnaissent.
« Laisse finir ici cette bataille.
« Avec le roi je t'accorderai bien ;
« De Ganelon justice sera faite
« Telle que jour n'y aura qu'on n'en parle. »
Pinadel dit : « Ne plaise au Seigneur Dieu !
« Je soutiendrai toute ma parenté,
« Homme mortel ne me fera céder.
« Mieux vaut mourir que mériter le blâme! »
A se frapper voici qu'ils recommencent
Sur leurs cimiers qui sont incrustés d'or ;

Au ciel volaient les étincelles claires.
Les séparer, on ne le pourrait plus :
Sans homme mort, ils ne finiront pas. AOI.

Il est très-preux, Pinabel de Sorence :
Il a frappé Thierry sur son écu ;
Le feu jaillit et l'herbe s'en allume.
De son épée il présente la pointe,
Sur le visage il la lui fait descendre.
La droite joue en est ensanglantée,
Et le haubert déchiré jusqu'au ventre.
Dieu ne permit qu'il le renversât mort. AOI.

Thierry voit bien que sa joue est blessée,
Le sang tout clair choit sur l'herbe du pré !
Dessus le casque il frappe Pinabel,
Jusqu'au nasel il le brise et le fend,
Lui fait couler la cervelle en dehors,
Brandit le coup et le renverse mort.
Or, par ce coup, le combat est fini !
Les Franks criaient : « Dieu y a fait miracle.
« Il est de droit que Gane soit pendu,
« Et ses parents qui répondent pour lui ! » AOI.

Quand eut Thierry vaincu dans le combat,
L'empereur Charle est venu près de lui,
Ensemble avec de ses barons quarante,
Nayme le duc et l'ardennois Ogier,
Geoffroy d'Anjou, Guillaume, sieur de Blaye.
L'empereur prend entre ses bras Thierry,
Le front essuie avec ses peaux de martre,
Puis il les ôte et lui met d'autres peaux.

Tout doucement on désarme Thierry,
Sur une mule arabe l'on le monte,
Et l'on retourne avec joie et courage
Jusque dans Aix; on descend à la place.
Lors commença l'occision des autres.

XL

CHARLEMAGNE REND LA JUSTICE ET COMMENT DIEU LUI FAIT CONNAITRE SA VOLONTÉ

Le roi s'adresse à ses ducs, à ses comtes :
« Conseillez-moi sur ceux que j'ai gardés.
« Pour Ganelon ils sont venus au plaid,
« Pour Pinabel se sont rendus garants. »
— « Qu'il n'en survive aucun, » répondent-ils.
Le roi commande à son viguier Basbrun :
« Va, pends-les tous à cet arbre maudit.
« Par cette barbe au poil blanc et chenu,
« S'il en échappe un seul, tu seras mort. »
Basbrun répond : « Qu'ai-je autre chose à faire ? »
Puis, avec cent sergents, il les entraîne.
Trente ils étaient qui furent tous pendus.
Que le félon et les siens soient occis ! AOI.

Les Poitevins, les Bretons, les Normands,
Les Bavarois, avec les Allemands,
Tous sont d'accord, et surtout les Français,
Que Gane meure en merveilleux tourment.
Quatre chevaux sont menés devant lui.

On l'y attache et des pieds et des mains.
Les chevaux sont orgueilleux et rapides,
Quatre sergents les poussent en avant,
Vers la jument, dans le milieu d'un champ.
Pour Gane, c'est grande perdition.
Voici les nerfs qui vont tous s'allongeant,
Puis de son corps les membres qui s'arrachent,
Et le sang clair s'épand sur l'herbe verte.
Comme félon convaincu, Gane est mort.
Il n'est pas juste que le traître se vante.

Quand Charlemagne eut fini sa vengeance.
Il appela les évêques de France,
Ceux de Bavière avec ceux d'Allemagne :
« Ici je garde une noble captive.
« Tant elle ouït sermons, vit bons exemples,
« Qu'elle veut croire et devenir chrétienne.
« Baptisez-la pour qu'à Dieu soit son âme. »
— « Il faut qu'elle ait, dirent-ils, des marraines.
« Assez y a dames de haut lignage ;
« La foule est grande aux bains d'Aix-la-Chapelle.»
Reine d'Espagne alors fut baptisée ;
On lui trouva le nom de Julienne.
Chrétienne elle est, vraiment par connaissance.

Le jour se passe et la nuit s'assombrit.
Charle est couché dans sa chambre voûtée.
Saint Gabriel, de par Dieu, lui vint dire :
« Charles, convoque encor ta grande armée.
« Va conquérir la terre de Syrie (1) ;
« Tu secourras le roi Vivien d'Antioche,

(1) Le texte ne dit pas *Syrie* et *Antioche*, mais *Bire* (?) et *Imphe* (?)

« Dans la cité que les païens assiégent.
« Là, les chrétiens te réclament et crient. »
Mais l'empereur n'y voudrait point aller.
« Dieu, dit le roi, si peineuse est ma vie ! »
Pleure des yeux, tire sa barbe blanche.

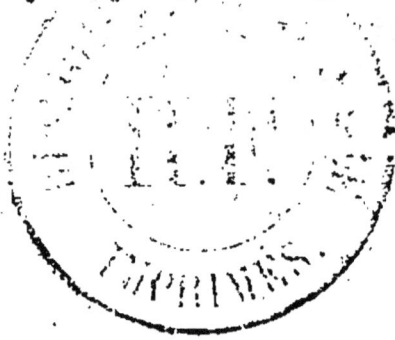

TABLE

	Pages.
INTRODUCTION	5
Comment le roi Marsile envoie des messagers à Charlemagne	56
Comment Charlemagne reçoit les messagers de Marsile	59
Comment les Français délibèrent sur les propositions du roi Marsile	61
Comment Roland fait désigner Gane pour aller en ambassade auprès de Marsile	64
Gane défie Roland et les autres pairs. Il se rend à Saragosse	67
Comment Gane brave le roi Marsile	71
Comment Marsile délibère avec Gane	74
Charlemagne se met en route avec la grande armée	80
Comment Gane fait désigner Roland pour commander l'arrière-garde	83
Comment Charlemagne passe les Pyrénées avec le gros de l'armée	85
Comment douze chefs païens s'engagent à tuer Roland	88
Comment Olivier reconnaît que les Sarrasins s'approchent	93
Pourquoi Roland ne veut pas sonner de son cor.	96
Comment l'archevêque donne l'absolution aux Français avant la rencontre	98
Ce qu'il advient aux chefs païens qui avaient jurer de tuer Roland	101

Comment les Français repoussent l'avant-garde des Sarrasins................................... 107

La grande armée des Sarrasins attaque à son tour notre arrière-garde 111

Exploits merveilleux d'Olivier, de Turpin et de Roland 115

Comment après le cinquième choc il ne reste plus que soixante Français..................... 119

Roland sonne du cor et comment ses tempes se fendent.. 120

Charlemagne retourne sur ses pas avec la grande armée...................................... 124

Comment la bataille continue à Roncevaux..... 126

Comment Olivier est blessé à mort............ 129

Comment il ne reste plus que trois Français vivants 133

Roland et Turpin demeurent maîtres du champ de bataille 135

Comment l'archevêque Turpin donne l'absoute aux douze pairs de France.................. 138

Comment l'archevêque rend son âme à Dieu ... 140

Pourquoi Roland essaye de briser son épée..... 141

Comment Roland se confesse à Dieu............ 145

Charlemagne parvient à Roncevaux et comment il poursuit les Sarrasins.................... 147

Comment les Français passent le reste de la nuit... 150

Comment Marsile et Bramimonde se désespéraient....................................... 153

Ce que les Français font à Saragosse........ 155

Charlemagne pleure son neveu................ 157

Charlemagne fait rendre les derniers devoirs aux morts et les Français reviennent en France... 161

Aude demande à Charlemagne où est Roland, son fiancé.................................. 163

Comment Charlemagne fait juger le comte Gane. 164

Thierry juge que Gane est félon et comment Pinabel vient le démentir.................... 167

Du combat qui eut lieu auprès d'Aix-la-Chapelle entre Pinabel et Thierry................. 169

Charlemagne rend la justice, et comment Dieu lui fait connaître sa volonté............. 171

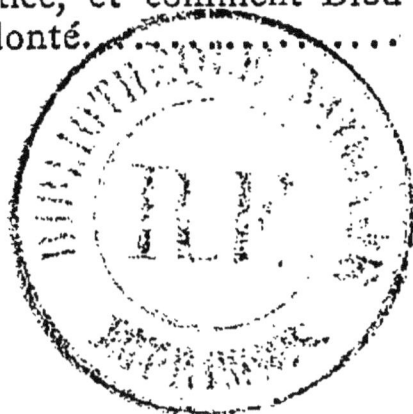

SOCIÉTÉ
BIBLIOGRAPHIQUE

Rue de Grenelle, 35

La Société Bibliographique, fondée le 6 février 1868 et autorisée en date du 29 juillet 1869, a pour but :

1º De réunir, dans une pensée et dans une action communes, tous les hommes d'intelligence et de cœur qui, ne séparant pas les intérêts de la religion des intérêts de la science, veulent s'opposer aux progrès de l'erreur et travailler à la diffusion des saines doctrines ;

2º De publier et de répandre, au plus bas prix possible, tous ouvrages, recueils périodiques, etc., rentrant dans le progamme de la Société ;

3º De faciliter la connaissance des sources : dans le présent, par la publication d'une Revue bibliographique universelle tenant au courant de tout ce qui paraît en France et à l'étranger ; dans le passé, en fournissant aux membres de la Société les indications bibliographiques qui peuvent leur être utiles.

Chaque sociétaire paye une cotisation annuelle de dix francs.

Cette cotisation donne droit, entre autres avantages, aux suivants :

1º Se procurer à prix réduit les publications de la Société ;

2º Faire faire, avec remise, ses commissions de librairie par l'agent de la Société ;

3º S'adresser à la Société pour les renseignements bibliographiques dont on a besoin.

Le *Bulletin de la Société Bibliographique* est envoyé gratuitement à tous les Sociétaires.

CLASSIQUES POUR TOUS

CHOIX DE CHEFS-D'ŒUVRE

DE LA

Littérature française et étrangère

P. CORNEILLE, édition annotée par M. Frédéric GODEFROY. 4 volumes. (*Tome 1er paru. Les tomes 2, 3 et 4 sous presse.*)

LA CHANSON DE ROLAND, traduite du vieux français par M. Adolphe D'AVRIL. 1 volume.

SOUS PRESSE

LETTRES DE Mme DE SÉVIGNÉ, avec notes par M. Frédéric GODEFROY. 4 volumes.

POEMES BIBLIQUES. — Les Psaumes, traduction nouvelle avec commentaires, par M. CLERC. 2 volumes.

RACINE, édition annotée, par M. A. BLOT. 4 v.

SHAKESPEARE, traduction et notes par M. MALVOISIN. 4 volumes.

LE ROMANCERO ESPAGNOL, traduction nouvelle avec notes, par M. DE PUYMAIGRE. 1 v.

Chaque volume in-18 broché . . . . » 5o
Reliure anglaise. . . . . » 8o
Quelques exemplaires de chaque volume sont tirés sur papier de Hollande. Prix 2 5o

---

Paris — Imp. JULES LE CLERC et Ce, rue Cassette, 29.